# 대한 제국을 사랑한
# 독일인 의사 분쉬

−고종의 궁중 시의 이야기−

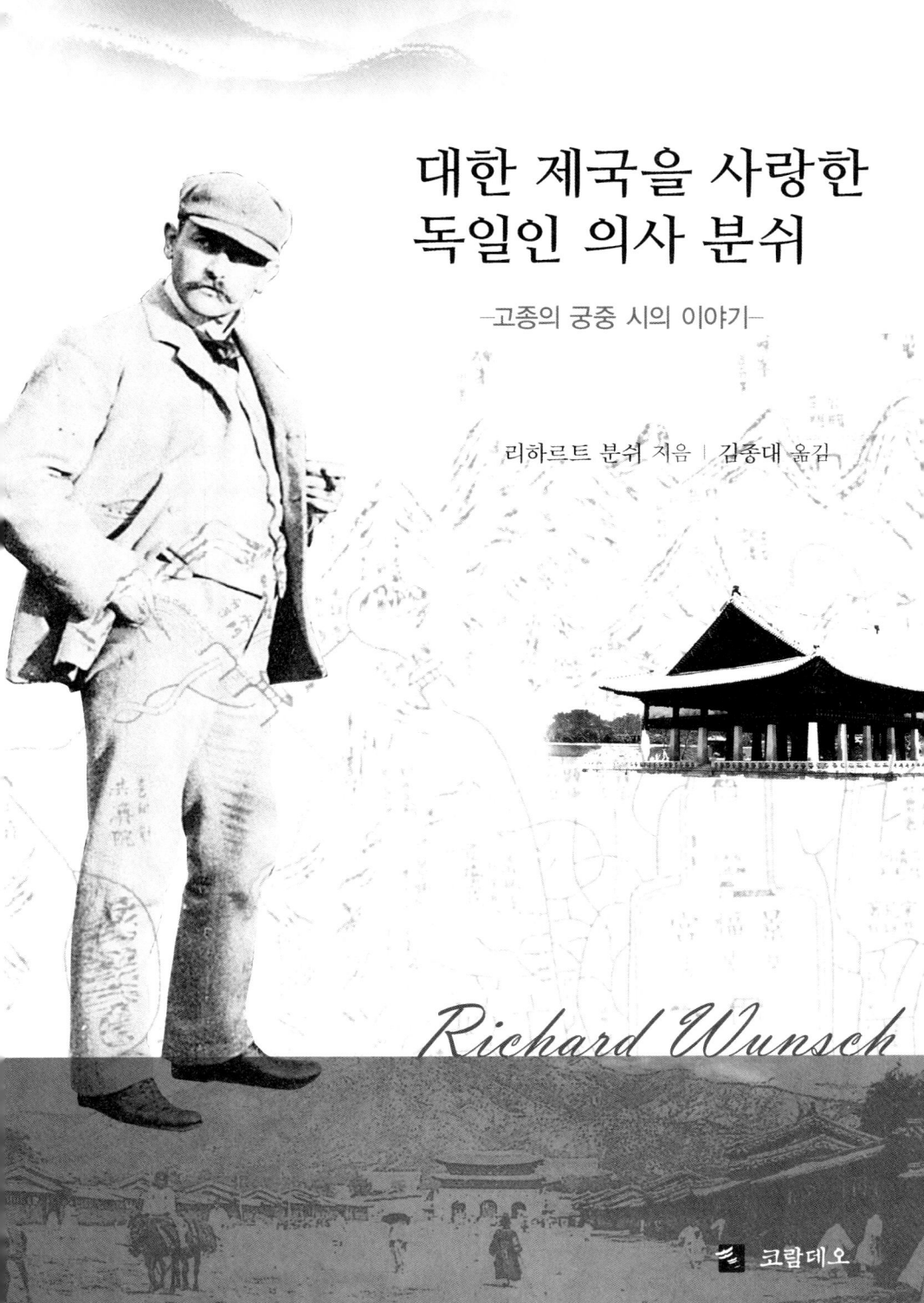

# 대한 제국을 사랑한 독일인 의사 분쉬

-고종의 궁중 시의 이야기-

리하르트 분쉬 지음 | 김종대 옮김

Richard Wunsch

코람데오

## 2014년 번역본을 다시 내면서

1982년이었다. 그때만 하더라도 대학에서 독문학과 학생들이 읽을 만한 원본을 구하기가 쉽지 않았다.

역자가 교내 학생용으로 분쉬 박사가 쓴 글을 간단히 편집하여 자그마한 대역본을 내어놓았다. 20세기 초 한국에 와서 활동한 그의 업적이 의학계에 알려지자 대한의학회로부터 강연 요청을 받았다. 이어 '분쉬 의학상'이 제정되고 의학계의 권유로 새롭게 번역하여 1999년에 학고재에서 책을 내었다.

번역서가 장기간 꾸준히 독자들의 사랑을 받았다. 그러나 출판사의 사정으로 계속 인쇄하지 못하여 절판되어 버렸다. 그런데도 한국근대사, 한국의학사, 한국정치사 그리고 교육계 인사들이 분쉬 책을 구하려고 역자에게까지 여러 차례 연락해왔다.

이에 호응하여 코람데오의 임병해 대표님이 새로운 출판에 관심을 보여주셨다. 역자는 감사하는 마음으로 참고자료를 보완하여 번역서를 다시 내게 되었다.

분쉬가 한국에서 살았던 시대로부터 100년 이상 시간이 흘렀지만 아직도 한국의 국제정세는 녹록지 않다. 한국이 세계에서 강력한 미국, 중국,

러시아 그리고 일본과 함께 어떻게 협력하고 대치해야 할지가 주목된다.
    분쉬 박사가 한국에서 체험한 그 당시의 상황을 읽으면서 우리 모두가 좀더 현명해지기를 바라는 마음이다.

역자 김종대

## 글을 옮기며

1901년 서울에 와 4년 남짓 고종의 시의(侍醫)로 일하면서 민간인들을 위해서도 의료봉사를 한 독일인 의사 리하르트 분쉬(Richard Wunsch)를 아는 한국 사람은 극히 드물다. 그는 한국에서 생활하면서 보고 느낀 당시의 정치상과 사회상을 부모님과 뒤에 함께 가정을 이룬 여인 마리 숄(Marie Scholl)에게 보낸 편지에 차근차근 담아 넣었다. 그리고 한가한 시간을 메우려고 부지런히 엮어간 일기로 한국 사정을 매우 흥미롭게 전하고 있다. 이 글들에서 분쉬는 당시 혼미의 늪에서 갈 길을 못 찾고 외세의 영향에 흔들리던 한국의 정황을 객관적으로 포착하고 있다.

이 글들은 분쉬의 따님인 게르트루트 클라우센-분쉬(Gertrud Claussen-Wunsch) 여사가 모으고 정리하여 《동아시아의 의사(Arzt in Ostasien)》(1976)이라는 제목으로 독일에서 출간되었다. 클라운센-분쉬 여사가 흩어져 있던 아버지의 편지와 일기를 발견한 것은 분쉬 박사가 사망한 지 60년이 지난 1971년으로, 그때 여사의 나이가 예순셋이었다고 한다. 여사는 고령임에도 아버지가 남긴 글을 출간하려면 서문도 쓰고 주해도 필요하겠다고 생각하여 한국 근대사 관련 연구자료를 구하려고 보훔 대학의 동양학 도서관을 여러 차례 찾아왔다. 그리고 독자의 이해를 돕기 위해 동양학 전공

자와 의대 교수의 자문을 얻어 편지와 일기에 나오는 인물들에 대한 간단한 설명을 곁들이고, 20세기 초엽에 발간된 동아시아 관계 문헌의 목록을 작성하여 덧붙이는 작업을 했다.

이 책과의 인연은 역자가 보훔 대학 동양학부에 재직하고 있던 1972년 클라우센-분쉬 여사를 만나면서 시작되었다. 그리고 계명대 부설 독일학 연구소장으로 있을 때인 1976년 주한 독일 대사인 로이터리츠(Karl Leuteritz) 박사를 초빙하여 한독관계사에 관한 강연회를 개최했는데, 로이터리츠 박사가 분쉬 박사의 글을 언급하는 것을 듣고 책 출간 사실을 알게 되었다. 이를 계기로 역자는 이 책을 번역해야겠다고 생각했다.

1982년 교내 교재용으로 간단한 대역본의 출간으로 분쉬 박사의 업적이 소개되자 1990년 한독의학회(뒤에 대한의학회로 이관)와 제약회사인 한국베링거 인겔하임이 공동으로 '분쉬 의학상'을 제정하기로 의견을 모았다. 양자는 한국에 서양 의학을 전수하고 한국인을 위해 헌신적으로 봉사한 분쉬 박사의 공로를 높이 평가하면서 한국 의학의 연구·발전을 도모하고 한독 간 친선을 증진하기 위해 이 상을 제정한다고 밝혔다. 이 상을 제정하는 데는 한독의학회 및 대한의학회 전 회장인 이문호 박사와 한독의학회 전 총무 이성낙 박사, 재정적 지원을 약속한 한국베링거 인겔하임의 한광호 회장의 기여가 컸다.

제1회 시상식이 있던 1991년에는 크라우센-분쉬 여사가 한국에 초청받아 올 예정이었으나 시상식이 있기 얼마 전에 별세하여 대신 분쉬 박사의 외손 두 분이 시상식에 참석했다. 한 분은 독일 레겐스부르크 대학 의대 교수이고, 또 한 분은 비스바덴에서 치과를 개업한 의사였는데, 이분들은 외조부가 한국에서 사용하던 수술 도구며 구한말 서울과 근교의 풍경을 담은 사진 등 기념될 만한 유물을 가지고 와 전시하기도 했다.

'분쉬 의학상'은 1991년 시작으로 매년 한국의 권위 있는 의학 연구자에게 주어지고 있다. 역대 수상자의 면모를 보면 이 상이 이미 권위 있는 의학상으로 정착했음을 알 수 있다.

분쉬 박사가 남긴 기록은 한국 의학 발달사에서도 중요한 자료일 뿐만 아니라 한국 사학계에도 잘 알려져 있지 않던, 구한말 정부와 외세의 미묘한 관계 및 정치적·사회적 상황을 이해하는 데 유익한 사료라는 점에서도 적지 않은 의미가 있다. 말하자면 분쉬 박사는 어수선하던 시기에 우리가 남기지 못한 사료를 대신 남겨준 공로자이기도 하다. 예를 들면 고철이나 다름없는 전함을 거금을 쏟아 부어 외국에서 들여오는 등 군비 조달업무의 비리에 관한 기록이 있다. 거의 백 년이라는 세월이 지난 지금도 조달청이 터무니없는 액수로 군 장비를 외국에서 구입하고 있다는 신문보도를 대할 때면 분쉬 박사의 지적이 새삼스럽게 떠오른다. 뿐만 아니라 박사는 고종 황제 때 개통된 서울-제물포 간 철로의 역명과 열차의 출발 및 도착 시간, 소요 시간까지 소상히 기록해놓고 있다. 한국철도박물관이나 한국철도연구소가 이러한 자료를 가지고 있는지는 알 수 없다.

초역본이 출간된 지 17년 만에 책 모양새를 다시 만들고 초역에서 드러난 몇 가지 오류를 바로잡아 좀더 나은 번역본을 이번에 내게 되었다. 이렇게 책을 다시 간행하게 된 것은 전 대한의학회 회장이자 서울대 의대 교수인 김광우 박사의 강력한 권유가 있었기 때문이다. 김 회장은 한국의 서양 의학 수용사에서 분쉬 박사의 활동이 차지하는 비중을 강조하면서 초역이 절판된 지 오래되었으니 재출간해보라고 격려해주었다.

이 역서의 원본은 4부로 구성되어 있는데, 역자는 원본 중에서 많은 양을 차지하고 있는 한국에 관한 2부만 번역했고 개정판에서는 다시 편지와 일기를 따로 구분하여 정리하였다. 이중에서도 중요하지 않다고 생각한 부분이나 내용이 중복되는 부분은 경우에 따라 번역 대상에서 제외했음을 밝혀둔다.

1999년 3월  
김종대

## 리하르트 분쉬는 누구인가

 분쉬 박사는 1869년 독일 슐레지엔(Schlesien) 지방의 히르슈베르크(Hirschberg)에서 제지공장을 경영하던 공장주의 아들로 태어났다. 박사는 독일 그라이프스발트(Greifswald) 대학에서 1894년에 의학박사 학위를 받은 뒤 모교 병원의 외과에서 얼마간 일했다. 그러다 베를린으로 직장을 옮겨 당시 저명한 외과의였던 피르호(Virchow) 교수 아래서 수련의로 일하며 수술기법을 배운 뒤 영국으로 건너가 런던에 있는 독일 병원에서 한동안 일했다. 이 무렵 분쉬 박사는 그라이프스발트 대학의 스승이었던 외과의 헬페리히(Helferich) 교수의 추천과 도쿄 대학에서 내과 교수로 재직하고 있던 벨츠(Bälz) 박사의 주선으로 고종의 시의로서 한국에 오게 되었다.
 분쉬 박사는 배를 타고 중국을 거쳐 1901년 11월 2일 제물포(지금의 인천)에 도착했다. 이튿날 부모님께 첫 편지를 쓰면서 한국 생활을 시작했다. 1905년 4월 4일 마지막 일기를 남기기까지 4년 가까이 서울에서 살았다. 그런데 분쉬 박사는 한국에 있는 동안 시의라는 직책에 전념하며 일할 수 있는 처지가 못 되었다. 고종 황제가 서양인을 시의로 둔 것은 치료를 받기 위해서라기보다 궁중의 권위를 세우기 위한 겉치레에 지나지 않았기 때문이다. 현지에 도착해서 이러한 사정을 알게 된 그는 다소 실망했지만 시의라는 직위를 누리면서 한국의 가난한 서민들에게 의료봉사하는 일에 더 보람을 느끼게 되었다.

1902년 서울에 육군위생병원이 설립되었는데, 분쉬 박사는 미국인 의사 에이버슨(Avison), 일본인 의사 한 명과 함께 고문으로 위촉받았다. 바로 그해 여름에 콜레라가 만연하자 분쉬 박사는 콜레라 방역에 필요한 여러 항목을 구체적으로 나열한 건의문을 내무 대신에게 보내기도 하고 직접 방역위원으로 활동하기도 했다. 《한독의학교류백년사》(한독의학회, 1994)를 보면 분쉬 박사의 이와 같은 활동이 당시 보건정책과 방역대책을 수립하는 데 큰 영향을 미쳤음을 알 수 있다. 뿐만 아니라 우리나라에 최초로 독일 의술을 전하는 데 큰 몫을 했음을 확인할 수 있다.

독일 의학계는 19세기 말부터 코흐(Robert Koch), 클랩스(Edwin Klebs), 에셰리히(Theodor Escherich), 뢴트겐(Wilhelm Conrad Röntgen) 등 세균학의 새로운 권위자, 선진적인 진단기법을 가능하게 한 발명가, 새로운 항균요법의 대가 등 의학사에 한 획을 그을 만한 학자들을 배출하여 최성기를 구가하고 있었다. 일본이 오늘날 세계 의학계에서 이름을 떨치게 된 것은 19세기에서 20세기로 넘어가는 역사적 전환기에 독일 의학을 본격적으로 수용하여 초석을 다듬었기 때문이다.

분쉬 박사보다 조금 앞서 한국에 와 의료봉사를 하고 있던 미국인 선교사 앨런(Allen) 박사는 현대식 병원을 설립하여 의학교육을 실시하면서 서양 의학을 알리는 데 중요한 역할을 했다. 분쉬 박사 역시 현대식 병원을 설립하여 독일의 뛰어난 의학교육을 보급하기 위해 한국 정부의 재정 후원을 얻으려고 오랫동안 노력했다. 그러나 안타깝게도 1905년 러일전쟁에서 승리한 일본이 한국의 정치를 주도하면서 궁중 시의였던 분쉬 박사에게도 한국을 떠나라고 종용하여 그의 꿈은 무산되고 말았다.

1905년 4월 23일 분쉬 박사가 한국을 떠나며 배 위에서 부모에게 쓴 편지에는 다음과 같은 구절이 있다.

"한국을 떠나던 날 아침 8시에 많은 사람들이 서울역에 환송 나왔고 군인들까지 1개 중대가 와서 고별 사열을 했습니다. 평생 처음 있는 일이라 얼떨떨했지만 품위를 지키며 거동한 것은 물론입니다.

독일 공사와 미국 공사도 제물포까지 환송 나와 주었답니다. 독일 공사는 섭섭한 마음을 감추지 못해 눈물까지 보였습니다. 제가 탄 배는 제물포에서 부산으로 가 거기서 다시 일본으로 향했습니다. 이 배 이름은 '오하이오(Ohio)호'인데 연안선이 아닌 제법 큰 배로 소유주는 미국인이고 선장과 중요 간부들은 노르웨이 사람이며 일본인들이 서비스를 맡아 하고 한국인이 선원으로 일하고 있습니다.

저는 한국을 떠나기 며칠 전에야 한국 사람들이 제가 떠나는 것을 몹시 서운해한다는 사실을 알았습니다. 고종 황제도 아주 유감스럽게 여겨 제게 이런저런 약속을 하시면서 붙잡아두려고 했습니다. 그러나 황제도 더 이상 통치권을 행사하지 못하는 형편이었기 때문에 약속을 해도 제대로 지킬 수 없을 것이라 생각합니다. 황제는 제게 1년 분의 은급을 주시고, 빨간 천 가장자리에 옅은 청색 물을 들인 밴드에 매단 3등 공훈 훈장까지 내리셨습니다."

분쉬 박사가 도쿄에 도착한 1905년 4월 27일 부모에게 쓴 편지에는 벨츠 교수로부터 자신의 후임으로 일본에서 일할 수도 있다는 이야기를 들었다고 되어 있다. 하지만 러일전쟁 후 정치상황이 변하여 일본이 이를 달갑게 여기지 않아 결국 그 자리를 얻지 못한 채 2년 가까이 일본에 머문 뒤 유럽으로 돌아가야 했다. 그러다 약 3년 후 분쉬 박사는 1908년에 중국 교주(膠州)의 청도(靑島)에서 일자리를 얻어 다시 아시아로 오게 된다. 하지만 그곳 병원 환경은 나빴고 격무에 시달리다 장티푸스에 걸려 1911년 3월 13일 마흔한 살의 나이로 타국에서 세상을 뜨고 말았다.

분쉬 박사가 사망한 뒤 미망인은 세 살 된 딸과 한 살 난 아들을 데리고 중국을 떠나 독일로 돌아갔다. 독일에서 어린 아들은 곧 죽었고 미망인도 얼마 후 사망했다. 이렇게 해서 나중에 박사의 글을 모아 책으로 펴낸 클라우센-분쉬 여사는 어린 나이에 혼자 남아 어렵게 성장하게 되었다.

리하르트 분쉬 박사가 한국에서 의료활동을 한 기간은 그가 외국에서 일하는 동안 가장 오래 머문 시간이었다. 박사는 한국에 서양 의학시술을 전하는 데 큰 공을 세웠으며, 정부와 민간인 모두에게 사랑받고 존경받는 인물이었다.

## 주요 등장인물

**嚴씨(嚴妃)**

생년월일은 미확인. 1911년 서울에서 사망. 1889년대에 태장군(太將軍)의 눈에 들어 시골에서 발탁되어 고종의 후궁으로 궁에 들어갔다.

엄씨는 궁녀로서 궁에 들어갔으나, 민비의 시샘을 사서 수 년 동안 서울을 떠나 살다가 민비가 죽고 난 후에야 황궁으로 다시 들어왔으며, 고종의 관심을 끌어 생의 반려자가 되었다. 그녀는 뛰어난 지력을 발휘해 고종에게 영향력을 크게 행사했다. 그러나 분쉬 박사가 서울에서 체재할 당시는 엄씨가 늙어 매력을 잃었다고 기술되어 있다. 살이 찌고, 얼굴에 곰보자국이 나고, 치아가 나쁘고, 얼굴색이 누른빛이었지만 엄씨는 성품이 활달하며 달변으로서 중국어에도 능통하고 그림도 잘 그렸다고 한다.

그러나 엄씨는 고종 황제의 개혁운동에는 반대했다. 분쉬 박사가 어려움을 겪은 것은 그 근원을 따져보면 엄씨의 작용 때문이었다. 엄씨는 공식적으로 황후로 추대되지 못했지만, 그녀의 후손은 왕손의 지위를 누렸다.

### Dr. Horace N. Allen(1858~1932)

앨런(Allen) 박사는 1884~1906년 사이에 2년 동안 워싱턴에서 지낸 것을 제외하고는 한국에서 산 미국인이었다. 그가 한국에 오기 전에는 남경과 상해에서 1년 동안 선교활동을 했다. 그는 1884년 한국에 와서 어느 왕자를 치유해줌으로써 서양의학의 가치를 황실에 알렸다. 앨런 박사는 보건과의 일을 맡은 관리가 되었으며 황궁 시의가 되었다. 그리고 그는 병원을 설립할 수 있는 허가를 얻어냈다.

앨런의 그의 저서 《Things Korean》의 제1장에서 황제의 시의로서의 임무에 관해 "내가 황궁에서 협의하는 일은 의학에 관한 것 외에도 많은 일에 관해서이다."라고 쓰고 있다. 분쉬 박사도 16년 후 바로 이러한 입장에 놓이게 되었다. 앨런 박사는 궁중의 일이 흥미로워서 의사로서의 직책을 그만두고 외교관의 일을 맡았다.

우선, 2년 동안 그는 워싱턴에서 한국을 대표했고, 그 후 15년 동안은 한국주재 미국대표부의 역할을 하다가 마침내 전권 공사로서 제물포에 거주했다. 분쉬 박사는 당시의 한국 사정을 잘 알고 있어는 앨런 박사를 높이 평가하여 그와 자주 협의하며 가까이 지냈다.

### 이용익(1854~1907)과 John Mcleavy-Brown(1842~1926)

1884년 궁에서 가마를 메고 다니던 이용익은 분쉬 박사가 한국에 체재할 당시에는 황궁의 재무를 맡아 일하고 있었다. 그는 착실하고 황실 가문에 대한 충성심이 높아 그와 같은 높은 위치에 발탁될 수 있었다. 그는 황실의 재정을 충당하기 위해서 극심한 조세정책을 실시함으로 인해 적이 많았고, 드디어 1903년에는 모함을 받아 생명의 위협까지 받았다. 그의 정적들은 궁중에 천막을 치고 그가 나타나면 생포하려고 했다. 이용익은 사면을 받기 위해 황제가 드나드는 방의 입구에 꿇어앉았다. 황제는 그를 사면해 주었지만, 모든 직책에서 해임해버렸다. 그런데 이용익은 고종이 어떤 일로 행차에 나설 때 그 일행에 끼어 가다가 러시아 공사관 옆을 지날 때, 마침 우연히 열려 있는 뒷문을 통해 치외법권 지역에 들어가서 러시아 공사의 보호를 받았다. 그는 제물포에서 러시아 전함을 타고 포트 아르투르로 갔다. 얼마 후 그는 황제와 화해하고 나서 서울로 되돌아왔으나 관직은 얻지 못했다. 그는 평생 생명의 위협을 느끼면서 살았는데, 한번은 서울에 있는 일본병원에 입원하고 있을 때 그를 암살하기 위해서 폭약이 터지기도 했으나 무사히 살아남았다.

　벨츠 교수의 글에 의하면, 이용익은 매우 강인한 체격에다 그의 얼굴은 갸름하고 곱게 보여 거의 서구사람 같았으며, 손은 눈에 띄게 아름다워 귀태를 느끼게 했다고 한다. 그는 유럽으로부터 한국을 위한 이해와 협력을 구하려고 노력했으나, 1907년에 블라디보스토크에서 피살되어 그의 모든 노력은 수포로 돌아가고 말았다(Deutsche Japanpost 참조).

　이용익의 주요한 정적으로 당시 영국인 맥리비–브라운(John Mcleavy-Brown)이라는 사람이 있었다. 그는 1896년 황제의 결정으로 대한 제국의 재정 문제를 처리하는 일을 위임받았다. 1898년에 이 직책을 그만두지 않으면 안될 지경이 되었지만 한국의 주된 세입원이었던 세관장의 일을 계속 하고 있었다. 그도 적지 않게 적을 갖고 있었다.

　맥리비–브라운은 황궁의 재정 낭비벽을 뜯어 고치려고 했으며, 황실로부터 특권을 받으려고 하던 구미열강들의 탐욕을 꺾어 보려고 애를 썼다. 분쉬 박사는 고종 시의라는 직책을 얻고 나서, 러시아인과 손탁(Sontag) 여사의 도움을 받았던 이용익의 지시를 따라야만 원만히 일을 할 수 있는 형편이었다. 한편 분쉬 박사는 병원을 설립하는 데 필요한 재정적 협조를 얻을 수 있기 위해서는 맥리비–브라운을 통해야만 했다. 따라서 당시 서울에서 이용익과 맥리비–브라운은 그에게 매우 중요한 인물이었다.

### 손탁 여사(Antoinette Sontag)

분쉬 박사의 일기와 편지에 손탁 여사가 자주 등장하는데 이 여인이 어떻게 고종의 황궁에 들어와서 그렇게 큰 영향력을 미칠 수 있었는가는 불가사의한 일이다.

1895년 10월에 일본 사람들에 의해 황실에 대한 모반, 즉 민비시해사건이 일어났다. 군대가 궁에 들어와서 민비를 살해하고는 고종을 피신시켰다. 고종은 러시아 공사 웨버(Weber)의 보호로 아관파천하여 1년간 지내는 사이에 웨버 공사의 친척이었던 당시 독일 알자스 출신의 중년 여인인 손탁 여사의 시중을 받았다. 고종이 이 여인을 성실하고 사려 있는 사람으로 인정하고 궁중으로 데려갔다. 고종은 오랫동안 철저히 격리된 생활을 하다가 손탁 여사를 통해 서구의 영양하에 들어가게 되었다.

분쉬 박사는 손탁 여사를 65세 정도의 아주 건강한 여인으로 기술하고 있다. 그녀는 궁정의 의전담당관으로 황실의 살림을 이끌어 갔으며, 사업에도 솜씨를 보여 집을 세 채나 보유했다. 그녀는 소유한 별장 한 채를 집을 마련하지 못한 젊은 유럽인들을 위한 숙식소로 제공하였다. 분쉬 박사도 가끔 거기서 식사를 하곤 했다. 그녀의 도움으로 유럽인들은 궁중의 여러 가지 일들을 성취할 수 있었기 때문에 그녀가 제공한 숙식소는 그들의 회의 장소가 되곤 했다.

손탁 여사는 서울의 건축사업에도 영향을 미쳤다. 새로운 황궁을 건설하고 정원을 조경하는 데 참여했다.

그리고 항상 멋을 내지는 못했지만 외국 외교관을 초대한 향연은 프랑스식으로 베풀어졌고, 모든 리셉션을 손탁 여사가 주도하여 돈을 절약하고 재정적 부패를 막았다. 그녀는 서울에서 향연이나 리셉션을 가졌을 뿐만 아니라 서울을 벗어나 멀리서 진행하는 연회를 주관하기도 했다. 손탁 여사는 높은 수준의 교양을 지닌 여인은 아니었지만 실천력이 뛰어나고 사려 깊은 여인으로 서울에 왔던 유럽인들에게 조언자 역할을 했음이 확실하다. 러일전쟁이 끝나자 손탁 여사는 유럽으로 건너가서 황실의 어려움을 호소하여 그에 대한 관심을 이끌어내어 조선을 도우려 했지만 아무런 성과도 얻지 못했다. 만년에 손탁 여사는 지중해 리비에라 해안에서 부유하게 여생을 보냈다.

# Contents

- 2014년 번역본을 다시 내면서 · 5
- 글을 옮기며 · 7
- 리하르트 분쉬는 누구인가 · 10
- 주요 등장인물 · 14

제1부 서울에서 온 편지 · 21
제2부 낯선 땅에서 보낸 나날들 · 165
참고 문헌 · 249

리하르트 분쉬(Richard Wunsch,1869~1911)

# 제1부
## 서울에서 온 편지

## 사랑하는 숄[1] 양

**런던 1901년 6월 7일**

……저는 곧 런던을 떠나 한국으로 갑니다. 그곳에서 저는 황제의 궁중에서 시의(侍醫)로서 보수를 받으며 일하게 됩니다. 이런 저를 두고 당신은 "진짜 집시"라고 하겠지요. 자신의 행복을 제 발로 짓밟는 격, 한번 더 짓밟고 덜 짓밟는 것이 뭐 그리 중요하겠습니까?

저는 한국의 수도 서울에서 30만 인구 가운데 유일한 유럽인 의사가 되겠지요. 하지만 궁중에서 어떠한 여건 속에서 일하게 될지는 전혀 모르겠습니다.

아무튼 거기서 한국어를 배워야 할 테고, 시의로서 공적인 활동 외에도 개인 자격으로 개업을 할 수 있다고 합니다. 한국인, 일본인, 그리고 한국에 와 있는 유럽인이나 미국인들이 제게 치료를 받을 수 있겠지요. 여기서는 금전적으로 쪼들리는 데다 일은 어렵고 진급도 느려 고생이지만, 한국에 가면 적어도 생계는 해결되리라 생각해서 궁리 끝에 그렇게 결정내렸습니다.

9월 3일에 이탈리아 제노바(Genova)항에서 출발하는데, 밀라노에 들러 당신을 찾아볼까 합니다. 저 혼자 여행하는 것이 아니라 한국에 금광을 갖고 있는 독일인 가족과 함께 떠나기 때문에 여행계획을 제 마음대로 짤 수는 없답니다.

---

[1] Marie Scholl: 분쉬 박사의 여자친구 — 옮긴이

저와 한국 황실의 계약 기간은 3년이며, 이 기간이 지난 후에도 쌍방에서 합의가 되면 계약 갱신[2]이 가능합니다. 한국 정치상황은 불안하여 일이 잘될 수도 있고, 시궁창으로 떨어지거나 혹은 처형될 수도 있습니다.

---

[2] 보존되어 내려오고 있는 계약서에 의하면, 1901년 함부르크에서 분쉬 박사와 고종 황제의 독일 주재 명예영사인 에두아르트 마이어(Eduard Meyer) 사이에 계약이 체결되었다. 마이어는 극동아시아에서 큰 영향력을 행사한 사람이었다. 인천에 큰 상사를 갖고 있었고 그 외에도 런던, 천진(天津), 홍콩, 상해(上海), 한구(漢口)에 상사 대리점을 두고 있었다. 분쉬 박사는 그의 한국 총대리인인 볼터(Carl Wolter)와 함께 1901년 9월 3일에 한국으로 가는 기선을 타고 떠났다.

## 사랑하는 부모님

**베를린 1901년 8월 7일**

  오늘 아침 일찍이 한국 공사를 만나보았습니다. 통역관이 한국어에 능통하지 못하여 말을 알아듣기가 무척 어려웠습니다. 한국 공사는 불면증인 데다 식욕이 없다고 했습니다. 저는 그에게 조용한 곳에 숙소를 정하라고 말해주었습니다. 그는 지금 포츠담 광장 근처에 살고 있는데, 신경이 약한 사람에게는 찻길에서 나는 소음은 나쁘니까요.
  저는 다음 주 초에 며칠간 로멜(Rommel) 씨에게 갈까 합니다. 그분한테서 약품과 치아접촉제를 구하려고 합니다. 낯선 나라에 가면 어찌될지 모르니 모든 준비를 해두어야겠지요. 적당한 시기를 보아 집으로 가서 여장을 단단히 꾸릴 작정입니다.
  어제와 그저께는 인종학박물관과 동물학박물관에 찾아가 미지의 나라에 가면 자연과학과 관련된 여러 자료들을 모아 박물관에 보내겠다는 뜻을 전했습니다.……

**브레멘 1901년 9월 2일**

  다시 한 번 작별인사를 드릴까 합니다. 내일 정오에 기선이 떠납니다. 이삼일 내로 큰 기선이 여러 척 떠나기 때문에 이곳의 호텔은 모두 예약이 완료되어 있습니다. 저는 볼터 씨 가족이 묵는 호텔 옆방에 숙소를 정했습니다. 오늘 마이어 영사가 부인과 함께 볼터 씨 가족에게 작별 인사를 하려고 왔습니다. 볼터 부부는 저를 점심식사에 초대했고, 저녁식사에는 마이어 영사가 불러주었는데 식사 후에 극장 관람까지 시켜주었답니다. 볼터 씨나 마이어 씨는 저에게 무척 잘해줍니다. 마이어 씨는 내일 같은 배로 브레머하펜(Bremerhaven)까지 동행합니다.

한국으로 떠나는 일행이 볼터 씨 내외, 아이를 보살펴주는 여인, 생후 1년 6개월된 아이부터 여섯 살짜리까지 4명의 어린이들, 중국인 유모 한 사람과 광산조수, 반장광원, 저, 이렇게 늘어났습니다.

또 일행 중에는 볼터 씨의 보호를 받으며 상해까지 가게 될 묄렌도르프(Möllendorf) 씨 부인과 세 딸, 일본으로 가는 젊은 상인 일리스(Illies)[3] 씨도 있습니다. 배의 운행 시간표를 동봉합니다. 베를린에서 9월 16일까지 편지를 띄우시면 제가 나폴리에서 9월 18일에 받아볼 수 있을 겁니다.

---

3) Carl Illies(1840~1909):요코하마에 있던 일리스 상사의 설립자

## 사랑하는 숄 양

**브레멘 1901년 9월 3일**

  당신을 방문하려 했는데 여의치 않아 유감스럽군요. 당신을 찾아보고 직접 작별인사를 했어야 했는데……. 그러나 꼭 한 시간 후면 우편기선 '교주호'에 승선하여 상해로 가 거기서 일본 기선으로 갈아타고 한국의 제물포까지 가게 된답니다.
  영국을 떠나 이곳에 와서 지난 몇 주 동안은 할 일이 태산같았습니다. 덩치 큰 의료기구 구입하랴 수술실 설비며 제약실 설비에 필요한 물품 마련하랴 수없이 많은 자질구레한 일들로 무척이나 애먹었습니다. 그 일 때문에 베를린에 머물지 않으면 안 되었습니다.……
  한국에서 혼자 해내야 할 일들이 내게 좋은 영향을 미쳤으면 하고 바랍니다. 용기가 전혀 없지는 않지만 지금 저는 자신감이나 자의식이 크지 않은 것도 사실입니다. 런던에서 개업의(開業醫)로서 직분을 다하지 못한 것도 그 때문일 것입니다. 내가 아직도 마음속으로 바라는 바는 몇 년 뒤 언젠가는 런던에서 시작한 일로 되돌아가는 것입니다.……
  한국에서는 모든 것을 새롭게 배워야 하겠지요. 그곳에서는 거기 실정에 맞게 일을 해야 할 테니까요. 저는 조용한 항구에서 내 인생의 배가 어떠한 모양으로 변하는지 보고 싶습니다. 지금까지는 내 작은 배가 항상 마주 불어오는 바람이나 폭풍 속에서 항진(亢進)했으니까요. 저에게 소식을 전하려면 17일까지 나폴리로 편지를 띄우면 됩니다. 주소는 '우편기선 교주호, 승선객 분쉬 박사'라고 쓰면 충분합니다. 밀라노에 있는 당신을 방문하지 못한다고 화내지 말아요. 휴가를 얻으면 꼭 찾아가겠습니다. 포르데노네(Pordenone)에서도 사냥을 즐깁니까? 그곳에 가면 같이 사냥을 하도록 하지요.

# 사랑하는 부모님

**독일제국 우편기선 교주호 선상에서 1901년 9월 4일**

　우리는 지금 로테르담항에서 밀물이 들어와 입항하기만을 기다리고 있습니다. 지금까지의 항해는 아주 멋졌습니다. 큰 기선이라 흔들림이 거의 없어서 마치 호텔 손님이 된 기분입니다. 날씨가 좋아서 더욱 그렇게 느껴집니다.

　갑판 위를 거닐 수도 있고 책을 읽거나 동승객들과 수다를 떨 수도 있습니다. 림부르크 슈티룸(Limburg-Stirum) 백작이 두 딸을 데리고 탔습니다. 저는 볼터 부부와 함부르크에서 온 일리스 씨 가족과 같이 식사를 하는데 분위기가 유쾌합니다. 일리스 부부는 일본 요코하마까지 가는 스물여덟 살 된 아들과 영국까지 동행하는 중입니다. 볼터 씨의 네 아이들은 항해하는 동안 자기들을 돌봐주는 일본 여인과 보모와 벌써 친숙해졌습니다. 아이들이 무척 귀여워 누구나 감탄하곤 합니다. 선의(船醫)는 슐레지엔 지방 사람으로 브레슬라우(Breslau)에서 왔다고 하는 것 같습니다.

**배 위에서 1901년 9월 7일**

　하루 동안 로테르담에 내려 구경한 뒤 어제부터 우리는 안트베르펜(Antwerpen)에 기항하고 있습니다. 극동으로 가져갈 화물을 배에다 싣는 중입니다. 무려 8대의 기중기가 동원된 가운데 많은 인부들이 밤낮으로 작업하고 있습니다. 우리가 어느 항구를 거쳐갈지 알려주는 일정표를 받으셨을 줄 압니다. …… 제가 한국에 도착하면 함부르크에 있는 마이어 씨가 부모님께 전보를 칠 것입니다. 그분에게 부모님 주소를 알려주었으니까요. 그분은 사업차 볼터 씨에게 연락하는 김에 우리가 도착했다는 소식도 알려줄 겁니다.

## 사랑하는 어머니

**교주호 선상에서 1901년 9월 24~26일**

이틀 동안 홍해 해상을 항해하고 있는데, 그늘에서도 항상 기온이 섭씨 32~33도여서 바람이 약간이라도 불면 즐거워해야 할 지경이랍니다. 저는 지금 갑판 앞쪽의 조금 시원한 곳에 자리를 잡고 고향집을 생각해봅니다. 아덴(Aden)에서 부치려고 하는 이 편지가 어머니 생신일에 맞춰 도착하기를 바랍니다. ……

여기는 밤에도 전혀 시원하지 않습니다. 그래서 간밤에는 갑판에서 자려고 했지만 잠을 제대로 이루지 못했습니다. 밤새 청소부들이 위아래 갑판을 돌아다니면서 문지르고 닦고 물을 부어대어 사람들을 쫓아냈기 때문입니다. …… 객실에서는 밤낮으로 문과 창문을 열어두고 선풍기를 계속 틀고 있는데도 항상 30도가 넘습니다.

사방을 두루 둘러보아도 보이는 것이라고는 거의 움직이지 않는 깊고 푸른 바다와 사정없이 햇살이 내리쬐는 구름 한 점 없는 회청색 하늘뿐입니다. 오늘은 배 위에 제비들이 제법 많이 날아와 앉아 있습니다. 고향에서 볼 수 있는 제비들입니다. 이 가련한 녀석들은 길고 고달픈 여행을 하고 있는 중이라 손으로 잡아도 달아나지 못할 정도로 지쳐 있답니다. 들비둘기 몇 마리가 돛대에 앉아 있고 …… 포트 사이드(Port Said)에서 마지막으로 육지를 밟아보는데, 중동 사람들의 생활에 끌려들어간 셈입니다. 우리 배는 몇 시간 동안 항구에 기항하여 석탄을 적하(積荷)했는데, 흑인과 아랍 노동자들이 석탄을 큰 보트에서 작은 망태기에 담아 우리 배로 실어 날랐습니다. 흑인들은 석탄을 담은 망태기를 들고 길게 줄을 지어서, 보트에서 기선의 한 창구로 들어가 다른 창구로 나와서 다시 보트로 가는 식으로 일을 하고 있었습니다. …… 상인들이 갖가지 상품이나 아무짝에도 쓸모 없는 물건을 사라고 추근거려 매우 불쾌했습니다. 아랍인, 유태인, 이탈리아인 상인들이 도로 쪽으로 확 트인 가게에서 외국 사람들이 지나다니는 것을 보고 큰소리를 지르며 몰려나왔습니다. 그들은 지나가는 사람 누구에게나 '박사님' 혹은 '선장님' 하고 말을 걸어왔습니다. 안경을 낀 사람은 박사라 부르고, 그 외 다른 사람들에게는 선장이라고 부릅니다. 포트 사이드에는 수에즈 운하의 북단 하구가 있고 거기에 큰 항구가 형성되어 있으며, 하구에는 작은 섬이 있습니다. 이 섬에는 수에즈 운하를 축조한 레셉스(Lesseps)의 입상이 있습니다.

　우리 배는 프랑스 군대 수송선을 만났는데 인사 삼아 우리 악단이 프랑스 국가를 취주해주었습니다. 그 옆에는 영국 전함들이 보였고, 큰 해운회사의 배들도 드나들었는데 이 배들은 유럽과 아프리카, 아시아, 호주를 왕복운행하고 있었습니다. 그 사이로 아랍인의 작은 범선들이 흰 삼각형 돛을 달고 갈매기처럼 떠다녔습니다. 넓은 부두에서 폭이 60m인 운하로 들어갔는데, 그 운하에는 23m 넓이의 수로 하나뿐인지라 폭 19m에 길이가 169m인 우리 배가 운하를 통과하는 것은 어렵고 지루한 과정이었습니다. 선장이 배 위 사령교(司令橋)에 올라서 있었습니다. 운하의 양쪽 사면(斜面)이 온통 모래로 뒤덮여 배들은 서서히 조심해서 지나가야 했습니다. 긴 운하의 양 측면은 한결같이 풀 한 포기 자라지 않는 황무지였습니다. 때때로 우리는 지나가면서 운하 안에 주둔하고 있는 아랍 군인들을 보았는데, 그들은 하천작업을 하고 있었습니다. 파놓은 모래를 낙타에 싣고 육지로 나르는 작업이었습니다. 또 다른 곳에는 커다란 준설기(浚渫機)가 있었는데, 이 기계는 모래를 하천에서 멀리 떨어진 육지로 단번에 옮길 수 있는 장치로서 하천을 오르내리며 작업하고 있었습니다. 저녁 무렵에는 양쪽 하천의 모랫더미가 높이 쌓여 마치 산 같았습니다.

 밤 사이에 우리 배는 운하가 가로지르고 있는 커다란 바다호수에 머물러야 했습니다. 거기서 수에즈 운하까지 가는 뱃길에 다른 기선이 차례를 기다리며 정박하고 있었으니까요. 그 배가 아침 나절에야 다시 움직이기 시작하자 우리 배도 제가 갑판 위로 올라간 해뜰 무렵에 닻을 올렸습니다. 큰 기선이 일곱 척이나 한꺼번에 이 호수에 정박해 있었는데 그중에는 우리 배말고도 독일 국적의 배가 다섯 척이나 되었습니다. 이 사실을 영국 사람들은 매우 못마땅하게 여겼답니다. 왜냐하면 그들은 외국 어디에서나 우리보다 수적으로 우세하다고 생각하고 있었기 때문이지요. 정오경에 수에즈에 닿았는데 운하 설비는 보기에도 아주 쾌적했습니다. 해변을 따라 나무들이 그늘을 드리웠고, 수에즈 운하 회사의 관리사무소 건물들은 아담하게 가꾼 앞뜰이 있어 무척 아름다웠습니다. 그리고 나서 우리 배는 수에즈 운하를 벗어나 멀리 떨어진 부두에 정박하여 신선한 식수와 용수를 공급받았습니다. 커다란 식수보급선이 우리 기선 옆으로 다가와 증기펌프로 저수탱크를 채워주었답니다. 그러는 동안 상인 보트 여러 척이 다가와 갖가지 물건을 팔려고 내놓았습니다. 상인들은 기선에 오를 수 없게 되어 있었기에 자기들의 범선 돛대 위에까지 올라가서 4층 갑판 위에 있는 승객들과 물건을 흥정했습니다. 산호목걸이며 조개껍질, 부채, 사진, 담배, 과일 등 여러 가지 상품이 이쪽저쪽으로 대여섯 번 왔다갔다하거나, 땀 흘리고 소리소리 질러가며 흥정이 이루어질 때까지 바구니에 담겨 오르내렸습니다. ……

## 사랑하는 부모님

**교주호 선상에서 1901년 10월 3일**

  우리는 아덴에서 콜롬보(Colombo)로 가는 항로를 따라 나아가고 있으며 오늘밤 11시쯤이면 콜롬보에 도착하게 됩니다. 날씨는 계속 쾌청하고, 바다는 평온합니다. 책 읽고, 먹고, 마시고, 잠자고, 잡담하다 보면 시간이 훌쩍 지나갑니다. 어제 저녁에는 섭씨 22도밖에 안 되어서 선상에서 무도회가 열렸습니다. 다행히 바람이 약간 불었지만 그래도 잠깐 춤을 추고 나자 온몸이 땀으로 흠뻑 젖었습니다. 그런데도 체중이 늘어난 걸 보니 실컷 게으름 피우는 탓인가 봅니다. …… 선상에 아이들이 스무 명 가까이 있는데, 너무 더워서 살갗에 갖가지 발진이 돋아나는 실정입니다.

**상해 1901년 10월 25일**

  이곳을 떠나 어디로 갈 것인지에 대해 몇 자 올립니다. 19일부터 여기에 머물고 있는데 시간이 얼마나 빨리 가는지 모를 지경입니다. 우리를 제물포로 실어다줄 기선을 기다리는 중입니다. 교주호는 기관(汽罐)과 그 외 다른 부분을 수리하려고 아직까지 도크에 남아 있습니다. 내일 아침 10시에 드디어 항해를 계속할 예정입니다. 지난번에는 싱가포르에서 소식 전해올렸지요. 그동안 홍콩을 구경했고 그 뒤 상해에 도착했습니다. 홍콩은 아주 아름다웠지만 날씨가 너무 더웠습니다. 그늘에서도 섭씨 27~28도까지 올라가고 저녁에도 기온이 내려갈 줄 모릅니다.

   교주호가 들어올 때 마침 북쪽에서 '함부르크호'가 입항했는데, 그 배에는 젊은 크리크 부인이 타고 있었습니다. 크리크(Krieg)[4] 박사가 산마루 자신의 집에 머무는 동안 우리는 시내에 있는 박사의 사무실에서 만난 적이 있습니다. 여행중에 우리 모두는 몸이 불어나 몹시 놀랐습니다. ……홍콩을 떠날 때 파도가 약간 일기 시작하더니 점점 폭풍으로 변하여 배가 산산조각이 날까봐 불안했습니다. 배 이곳저곳이 삐걱거렸고 부인네들은 예외없이, 남자들도 대부분이 심한 배멀미를 앓았습니다. 다행히 저는 이겨냈습니다. 사흘 동안 계속해서 폭풍이 불어닥치는 바람에 두통이 심했지만 구토는 하지 않았습니다. 그런데 무송항(武松港)에서 날씨가 개어 부속선을 타고 상해로 향할 때는 항로가 순조로워서 마치 엘베(Elbe) 강 하류를 항해하는 기분이었습니다. 양쪽 편에는 푸른 들판이 펼쳐져 있었고, 갈대지붕을 머리에 인 집들이 드문드문 보였으며, 강가에서는 소가 풀을 뜯고 있었습니다. 하지만 그 소는 누런 황소가 아니라 얼룩병에 걸린 흰 물소 종류였습니다. 볼터 씨 가족과 함께 상해에서 가장 큰 조선회사인 파르남 보이트 사(Farnam Boid & Co.) 대표의 영접을 받아 자동차를 타고 이 회사 간부 소유의 별장으로 갔습니다. 주인은 현재 유럽에 체류하고 있다는데 별장이 있는 곳은 그야말로 절경이었습니다. 그곳에서 꼭 일주일 동안 대접을 받으며 편안하게 지냈습니다.

   사람들은 모두 친절하기가 이루 말할 수 없었고 매우 상냥했습니다. 저는 날마다 자동차와 말을 쓸 수 있었습니다. 게다가 독일인이 운영하는 콩코르디아(Concordia) 클럽과 영국인이 운영하는 상해 클럽, 그리고 헬스 클럽 같은 상류 클럽도 소개받았습니다. 그리고 그곳에서 근무하는 독일

---

[4] Paul Krieg : 분쉬 박사의 동향인으로 19세기 말 런던에 있던 독일 병원의 내과의사. 1898년 홍콩에 병원을 열었고, 1903년에는 파울룬 박사와 함께 상해에 의학학교를 세웠다. 이 학교는 나중에 대학으로 승격되었고, 크리크 박사는 1907년에 이 학교 교수가 되었다.

인 의사 두 분을 찾아뵈었습니다. 수요일 오후에는 독일 클럽에서 보냈고, 그날 저녁은 격조 높은 이곳 영국협회에 가서 연극을 감상했습니다. 목요일 오후에는 여기에 주둔하고 있는 제2대대의 장교 카지노에 갔으며 저녁에는 큰 조선회사를 운영하는 영국인 사장 집에 갔습니다. 또 하루 저녁은 독일인 의사인 파울룬(Paulun) 박사[5] 댁에 초대를 받아 그 댁에서 지냈습니다.

이제 다시 떠나게 되어 기쁩니다. 여행중에 일기를 쓰고 있는데, 이 일기를 바탕으로 언제 한번 이곳의 명승지나 풍물에 관해서 상세히 말씀드리겠습니다. 기후는 참 좋습니다. 여기 생활은 무척이나 호화로운데 이런 것을 접해보게 되어 아주 좋습니다. …… 큰 병원과 새로 지은 독일 교회, 마약도 팔고 차도 마실 수 있는 집들이 있는 지저분한 중국인 거주지역도 구경했습니다. 그리고 전쟁이 시작될 때부터 계속 그대로 주둔하고 있는 영국·인도·독일 군대들의 진영도 구경했습니다. 그런데 오늘은 한가한 시간을 전혀 가질 수 없었답니다. 엄청나게 많은 볼터 씨네 짐과 제 여행가방을 도시로 운반해 기선에다 실어야 했으니까요. 아버지, 어머니께서 이 편지를 받으실 때면 고향은 흰 눈이 내리는 겨울이겠지요. 하지만 이곳은 온갖 꽃이 활짝 피고 초목이 무성하답니다.

## 제물포 1901년 11월 3일

어제 제물포에 도착했습니다. 곧장 서울로 가려 했으나 월요일까지 여기 머무는 것이 좋겠다고 해서 이곳에 체류중입니다. 이유인즉, 영사가 일

---

[5] Erlich Hermann Paulun : 독일인 의사로 상해의 파울룬 병원에서 근무했으며, 1906년 크리크 박사와 함께 상해에 의학학교를 세웠다.

제물포에 있던 일본인 거류지

본 천황의 생일 축하연 때문에 분주한 데다 제가 서울에서 기거할 거처가 아직 마련되어 있지 않기 때문입니다. 지금 머물고 있는 호텔에 당분간 묵을 방을 예약해두었습니다. 지금 저는 호텔방에 앉아 있는데 밖에는 폭음 소리와 함께 차가운 가을 하늘에 불꽃이 터지고 있습니다. 일본 천황을 위한 축하 불꽃놀이랍니다. 이곳에는 일본인들이 5,000여 명 살고 있는데, 제가 있는 호텔은 일본인들이 살고 있는 지역의 중앙통에 있습니다. 이 거리는 오늘 희고 붉은 지등(紙燈)으로 멋지게 장식되어 있습니다. 그리고 등 아래 꽃처럼 보이는 것으로 만든 커다란 화환이 수없이 놓여 있고, 사람들은 마치 우리나라에서도 축제 때 그렇듯이 입을 벌리고 즐겁게 소리지르거나, 술에 취해 오가고 있습니다.

인형처럼 작고 예쁘장한 일본 여인들이 폭이 넓은 비단 기모노를 입고 작은 나무토막으로 굽을 두 개씩 댄 나무 샌들을 신고 종종걸음으로 걸어 다니고 있습니다. 그 가운데는 등에 아기를 업고 있는 여인도 흔합니다. 흰 옷을 입은 한국 남자들은 머리에 검고 뻣뻣한 모자를 쓰고 장중하게 거닐고 있습니다. 모자의 생김새가 티롤(Tirol) 지방에서 쓰는 것과 흡사합니다. 항구에 정박중인 일본 전함에서 내린 수병과 장교들이 눈에 띄고, 별의별 차림을 한 일본인들도 보입니다. 일본의 전통적인 옷차림에서부터 흰 넥타이에다 실크 해트를 갖춘 연미복 신사에 이르기까지 각양각색입니다. 여기 방 안은 아늑하고 따뜻합니다. 한국인 하인이 오늘 아침 저에게 러시아 담배 한 개비를 얻은 대가로 쇠로 된 난로에 불을 가득 지펴놓았기 때문입니다.

책상 위에는 크고 단단해 보이는 일본제 석유램프가 놓여 있습니다. 중국인이 시중을 들고 있는데 무척 사려 깊은 사람이며 요리도 잘합니다. 우리가 상해를 떠나서 취푸(曲阜)와 포트 아르투르(Port Arthur)를 거쳐 여기까지 타고 온 러시아 연안선 '닌구타(Ninguta)호'의 요리 솜씨보다 훨씬 낫습니다.

이 호텔에 저말고도 유럽인이 한 사람 투숙하고 있는데, 한국 오지(奧地)에 있는 독일 금광회사에서 일하는 기사입니다. 그는 화요일까지 여기서 묵으면서 안내원들을 기다린다고 합니다. 안내원이 오면 독일인 반장 광원과 하급광원은 당나귀에 짐을 싣고 이틀쯤 걸리는 동고개[6]로 데려다 준다는군요.

어제 저는 볼터 씨와 함께 제물포에 있는 마이어 상사의 젊은 사장 뤼어스(Lührs)[7]라는 분한테 오찬 초대를 받았습니다. 그리고 조금 전에는 제물포 클럽에 가서 이곳 주요 인사들을 모두 만나보았습니다. 영국 영사, 프랑스 세관장, 이곳에 와 있는 큰 상사의 대리인 등 50여 명과 볼터 씨 가족을 만나러 서울서 내려온 두 명의 신사가 있었는데, 이 두 사람은 독일인 교사와 궁정악장이었습니다.

---

6) 강원도 동현리. 600m² 정도 되는 이 지역은 1898년 한독 간 조약으로 독일 상사 '마이어-제물포(Meyer-Chemulpo)'가 광산 채굴권을 얻어 금광을 경영하던 곳이다.
7) Carl Lührs: 제물포에 와 있던 마이어 상사 지점의 사업가로 볼터의 동업자

작은 배들이 정박해 있는 제물포항

궁정 악장의 이름은 에케르트(Eckert)[8]라고 하는데 슐레지엔 토박이 사투리를 쓰기에 "당신도 슐레지엔에서 나셨군요?"라고 곧 말을 붙였습니다. 그랬더니 그는 노이로데(Neurode)에서 왔다면서 '헤르슈브리크(Herschbrig)'[9]도 물론 안다고 했습니다. 오늘 점심은 볼터 씨한테서 초대받았는데, 식사 후에 그의 아름다운 집이 자리잡은 언덕 위에서 발 아래 항구를 내려다보았습니다.

넓은 항구에 수많은 작은 배들이 보였고, 가파른 산으로 둘러싸인 섬이며 낮은 섬들이 먼 바다에 흩어져 있어, 항구가 마치 내륙의 호수처럼 보였습니다. 공기는 맑고 신선하기가 이루 말할 수 없습니다. 작은 계곡에는 배추와 무가 무성하게 자란 밭이 펼쳐져 있고 밭머리에는 회색빛 공간이 눈에 띄어 자세히 보니 짚으로 지붕을 이은 나지막한 토담집들이 모여 있

---

8) Franz Eckert(1852~1916): 1879~1898년에 도쿄에 체재했고, 1901년에 서울에 와 군악장을 지냈으며 당시의 한국 애국가를 작곡했다.
9) 분쉬 박사의 고향인 이곳은 원래는 '히르슈베르크'인데 슐레지엔 사투리로 헤르슈브리크라고 한 것이다.

었습니다. 초가 사이로 난 좁은 길에는 크고 작은 사람들이 움직이고 있었습니다. 한국 사람은 짐꾼에서 지체 높은 상인들에 이르기까지 아이나 어른 모두 흰 옷을 입고 외출합니다. 해변에는 굴뚝이 높이 솟아 있는 길고 큰 건물이 있었는데 연초공장이었습니다. 제물포의 서북향 골짜기에도 초가로 둘러싸인 공장이 보였는데, 운영이 중지된 한국 주화(鑄貨)공장이었습니다. 언덕바지에는 높은 탑이 있는 신축 교회가 두 곳이나 있는데, 우리나라 교인들도 감탄할 정도였습니다. 이 두 교회는 프랑스 선교사와 미국 선교사들의 것입니다. 도시 서북쪽에는 도시가 확대될 것을 예상하고 지은 역이 있는데 매일 서울행 기차편이 여섯 차례 있습니다. 기차는 보통 기관차, 화차, 두 량의 침대차로 연결되어 있는데, 서울서도 제물포 방향으로 꼭 같이 운행하고 있습니다. 운행시간은 1시간 45분으로 8개 간이역에 정차합니다. 철도는 1년 전부터 운행되었다는데 한국 사람들이 많이 이용해서 잘 운영된다고 합니다. 우선 이 정도로 한국의 첫인상을 적을까 합니다.

저는 오늘 서울에 있는 바이페르트(Weipert)[10] 영사에게 몇 자 써올려 내일 아침 일찍 도착한다는 것을 알렸습니다. 9시경에 볼터 씨와 함께 그곳으로 갈 작정입니다. 집 문제를 해결하고 경우에 따라서는 집주인과 인사를 해야 하기 때문입니다. 화요일, 그러니까 모레까지는 서울에 들어갈 수 있기를 바라고 있습니다. 그 이후는 어떻게 될지 모르겠습니다. 오랜 항해 끝에 다시 육지에서 잠을 잘 수 있다는 것만으로도 기쁠 따름입니다. 이틀 동안 여기 있으면서 갖가지 경험을 해보니 이곳에서 근무한다는 것이 순조롭지만은 않을 것 같습니다. 아마도 일본 사람들이 제 행동을 제약하리라 짐작됩니다. 거기에 대처할 길은 상냥한 태도로 그들의 마음을 끄는 것밖에 없습니다. 또 한편으로 듣건대, 독일인 교수가 서울에 병원을

---

10) Heinrich Weipert(1855~1905): 법학박사. 1900~1903년 서울 주재 독일 영사로 재직했다.

설립해 한국 사람들에게 의학을 가르쳐주려고 이미 제물포에 도착했다고 합니다. 이 교수는 미혼으로 콧수염을 짧게 기르고 검은 줄이 달린 코안경을 꼈다고 합니다. 아무튼 이것은 볼터 씨 부인이 시내에 갔다가 듣고 온 최근 소식입니다.

이 편지가 아마 크리스마스 전까지는 마지막 편지가 될 것입니다. 때가 좀 이르지만 하는 수 없이 오늘 사랑하는 어머니, 아버지께 크리스마스와 새해 인사를 드리려고 합니다. 한국서 보내는 편지는 제 일기를 부분적으로 보완하는 것이기도 하니 잘 간직해주셨으면 합니다. ……11)


### 서울 날짜 미상

이 사진엽서는 이곳에 있는 일본 사진사가 최근에 내놓은 작품으로, 황제와 황태자의 모습과 거리 풍경을 보실 수 있습니다. 땔나무 장사 뒤로는 나들이옷을 입은 여인의 모습이 보입니다. 황제는 다음 주에야 알현할 수 있다고 합니다. 몇몇 정부 부처에 다녀왔고 오늘 역관(譯官)을 한 사람 배당받았습니다. 이 역관은 저를 위해 공식적으로 임명되었고, 매일 저에게 오기로 되어 있습니다. 지금까지는 모든 협상이 영어나 프랑스어를 할 수 있는 역관을 통해서 진행되었습니다. 매사가 아주 느리게 진행됩니다. 여기서는 누구나 시간이 아주 많은 모양입니다. 제 트렁크 가운데 세 개

---

11) 분쉬 박사가 서울에 도착하여 받은 첫인상은 어처구니없는 지경이었음에 틀림없다. 서울에서 그의 남동생 후고(Hugo)에게 보낸 엽서에 서울의 상태를 다음과 같이 표현했다. "서울의 길거리 청소는 견공(犬公)들에게 맡겨놓은 상태다. 곳곳에 널린 대변을 개들이 먹어치우니, 길의 청결 여부는 견공의 식욕에 달려 있다고 할 것이다. 그리고 한국 사람들은 지독히 게으르고 굼떠 황제를 알현하는 데 일주일이나 걸렸는데, 경험이 있는 유럽인들에 의하면 일주일 기다리는 것은 아무것도 아니라고 한다." —옮긴이

분쉬 박사가 보낸 사진엽서. 황소 등에 땔나무를 잔뜩 부린 나무꾼 뒤로 장옷을 입은 여인이 보인다.

가 제물포에 도착했습니다. 편지는 이곳 독일 영사관으로 보내주시기 바랍니다.

### 서울 1901년 12월 10일

임대가옥에서 석 달째 지내는 중입니다. 적당한 숙소를 찾기가 어렵습니다. 한국 정부는 이 일을 전혀 준비해두지 않았다가 나중에야 별 수 없이 불결하기 짝이 없는 구도시 지역에 있는 고가(古家)를 사려고 했습니다. 그래서 저는 우리 영사의 도움을 얻어 그 집은 사용할 수 없다는 뜻을 전했습니다. 그러다가 드디어 시내 중심부의 언덕바지에 자리잡고 있고, 대지가 비교적 넓은 미국 선교회 소유의 집 두 채를 임대할 수 있었습니다. 그 집 둘레에는 크고 훌륭한 정원이 있는데 딸기도 많고 작은 과수랑 포도나무 등이 심어져 있습니다. 모두 합쳐 85엔을 월세로 내기로 했는데, 한국 정부에서 구하려던 집보다 35엔 더 비싼 집입니다. 저는 두 채 중 작은 집을 다달이 25엔씩 받는 조건으로 전에 장교였다가 지금은 한국 정부의 광산기사로 일한다는 프랑스 사람에게 임대해주었습니다. 그는 전쟁터에서 얻은 지식으로 남아프리카로 이민간 네덜란드계 사람과 함께 이곳에서 1년 동안 일자리를 얻었다고 합니다. 이곳에 와 있는 외국인 중에는 별난 모험가들이 섞여 있답니다. 그리고 이곳 정부에서 그들이 하는 일은 과거 그들의 직업과 전혀 상관없는 분야입니다.

집은 마음에 듭니다. 약간만 손보면 될 것 같습니다. 미국인 여선교사 두 사람이 얼마 전까지 살던 곳입니다. 그들에게서 수위, 경호원, 요리사, 그리고 하녀나 종자 노릇을 하는 사환을 그대로 인수했습니다. 게다가 부엌 시설이며 땔감과 석탄 재고분을 대부분 그대로 받았습니다. 저는 그 동안 시의 직책으로 황제를 알현했고, 황제께서는 제 면전에서 관할장관에게 필요한 지시를 했습니다. 공식 역관을 한 사람 배정받았는데, 이 양반이 풍기는 배추 냄새는 지독했지만(반쯤 상한 듯한 채소류를 이곳 사람들은 아주 맛있어 하며 많이들 먹고 있습니다) 이 냄새에 어느 정도 익숙해졌고, 같이 일해볼 만한 사람으로 생각했는데 이 가련한 사람이 그만 체포되어버렸습니다. 혁명적 이념을 가졌기 때문이라고 합니다. 독일어 학교에 다니던 다른 학생 둘도 그와 함께 체포당했다고 합니다.

이곳에서는 범법행위를 하지 않았는데도 옥살이를 하는 일이 종종 있습니다. 이 모든 일이 비방이나 밀고로 일어난답니다. 어떤 녀석이 이런 짓을 해서 상관에게 잘 보이려고 하기 때문에 옥살이가 끝이 없습니다. 그들

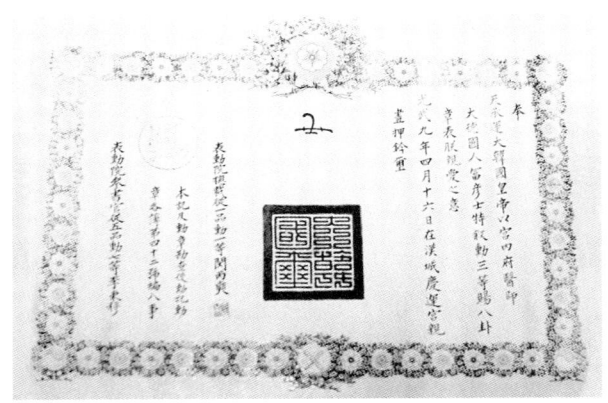

분쉬 박사가 고종 황제에게 받은 시의 임명장

은 혹한에 난방도 되지 않는 감옥에서 이미 3주 이상 옥살이를 하고 있는데, 작년에만도 하룻밤에 17명이, 그 전해에는 40여 명이 한꺼번에 얼어 죽은 적이 있다고 하니 이들이 얼어죽지 않고 출옥한다 하더라도 중병을 앓게 될 것입니다. 이런 일은 어떻게 할 수도 없습니다. 지금 이곳 상황은 독일의 1848년 3월 혁명 시기와 흡사합니다. 황제는 항상 생명에 위협을 느껴 궁을 떠나지 않습니다. 모든 행정기구가 불안정하고, 신용도 없고, 고관에 줄을 대고 아졸들이 극악무도한 방법으로 부당이익을 취하고 있습니다.

저는 지금 지방 여행중인 황제의 미국인 고문 샌즈(Sands)[12] 씨가 돌아오기를 기다리고 있습니다. 그를 직접 만나본 적은 없지만 우아한 용모의 미남이라고 합니다. 그는 스위스의 예수회 학교에서 교육을 받았다고 하는데 한국 실정에 아주 적격인 모양입니다. 그의 도움으로 궁내에 진료실을 하나 얻을 수 있었으면 합니다. 제 집으로 진찰받으러 오는 사람이 도통 없

---

12) 1898년에 한국 주재 미국 공사관의 2등 서기관으로 와서 1899년 이후 궁내부(宮內府)의 고문으로 일했다.

으니까요. 아무튼 한국 사람들은 막다른 골목에 이르러서야 우리를 부르러 오지, 그 전에는 결코 오지 않습니다. 여기에 와 있는 외국인에게는 이미 여러 번 진료를 해주었습니다. 한번은 궁에서 쾌속정 함장인 호프만(Hoffmann)[13] 씨와 독일제국의 함선 '바다독수리(Seeadler)호'[14]의 장교들 몇 명과 함께 향연을 마치고 막 돌아왔는데, 전에 투숙한 적이 있던 프랑스 호텔의 주인이 각혈을 하여 밤에 찾아왔더랬습니다. 또 벨기에 총영사가 며칠 전에 왼팔에 두 군데나 골절상을 입어 영국인 의사와 러시아인 의사의 치료를 받았으나 낫지 않아 저한테 찾아왔습니다. 어느 프랑스인 장교가 병기고에서 근무하다가 신경이 쇠약해져 제게 온 적도 있습니다. 그에게 진단서를 떼주며 프랑스로 돌아가야 한다고 했습니다. 항구도시 제물포에서도 찾아온 환자가 한 사람 있습니다. 한국 사람으로는 꼭 한 명이 저한테 진찰을 받았습니다.

얼마 전에 바다독수리호가 입항했을 때는 저를 포함하여 서울에 있는 몇몇 독일 사람들이 전함에 탑승한 장교들에게 서울 구경을 되도록이면 많이 시켜주느라 입장이 곤란했습니다. 그날 저는 온종일 안내원으로 이리저리 뛰어다녔지요. 이들을 환영하는 향연이 궁에서 있었는데 저도 참석했습니다. 음식은 맛이 무척 훌륭했으며, 유럽식으로 내놓았습니다. 식사를 마치고 나서 내빈을 위해 한국 여인들은 춤을 추고, 남자들은 노래부르고 악기를 연주했습니다. 저는 이보다 더 나은 음악을 들은 적이 있습니다만, 이번 음악은 날카로운 피리 소리와 나지막한 북 소리가 어우러져 매우 역동적인 효과를 내었는데, 춤에 맞춰 방 안에서 연주되는 음악이라 그랬나 봅니다. 춤추는 여인들은 유럽의 무용수들보다 결코 아름답지는 않으나 조그마한 손발이 예쁘고 맵시 있었습니다. 화관무(花冠舞)와 공놀이

---

13) 대순양함 '한자(Hansa)호'에 승선했던 군의 소령으로 1907년 제1 전대(戰隊)의 의사
14) 1892년에 취항하여 1914년부터는 포함 및 어뢰폐선으로 사용된 작은 순양함으로 1917년에 폭파되어 침몰했다.

와 검무(劍舞)를 교대로 선보였습니다.

　각국 공사들을 찾아보는 일은 이제 끝이 났습니다. 어제 중국 공사가 답례로 찾아왔는데, 매우 특이한 사람이었습니다. 그는 자기 나라 말만 할 줄 아는데, 영어를 잘하는 중국인 비서를 거느리고 있었습니다. 이 비서는 대단한 지식인으로 대개 그가 대화를 이끌어나갔는데, 재치 있는 말을 할 때면 공사가 한 말인지 아니면 그가 생각해낸 말인지 알 수 없었습니다. 프랑스인 선교사 뮈텔(Mutel)[15] 주교와 수도원장은 아직 만나보지 못했습니다만, 이곳에서 선교활동을 하고 있는 일부 프랑스 수녀들과는 인사를 했습니다. 이 수녀들이 제가 쓰는 침대의 이부자리를 자기네 재봉실에서 새로 만들어주기로 했습니다.

　사랑하는 부모님, 부탁이 하나 있습니다. 제가 두고 온 디첼(Dietzel)의 《작은 사냥거리(Niederwildjagd)》라는 책을 보내주시면 대단히 고맙겠습니다. 여기서는 사냥을 자유로이 할 수 있어 총을 하나 샀습니다만 아직 쏘아보지는 못했습니다. 오리와 들거위는 서울 근교에도 얼마든지 있습니다. 제 집 정원에도 말똥가리와 까치들이 평화롭게 서식하고 있습니다. 요 며칠 동안 독수리 한 마리가 정원 담장 위에 앉아 햇볕을 쬐기까지 했습니다. ……

　가끔 신문을 좀 보내주십시오. 독일에서 무슨 일이 일어나고 있는지 알아야겠기에 말입니다. 영사는 《북독일신문(Norddeutsche Allgemeine)》을 받아보는데 제게도 꼬박꼬박 보내옵니다. 그러나 그 신문에는 고향 히르슈베르크와 그 주변에 관한 기사는 없습니다. 그리고 승마용 채찍이나 작은 회초리를 보내주시면 좋겠습니다. 여기서 가끔 말을 타고 달려볼까 합니다. 성탄절 저녁은 제물포에 있는 볼터 씨 가족과 함께 보낼 것입니다. 그때 독일어 교사와 영사도 초대받아 올 것입니다. 12월 28일에는 제물포

---

15) 1880년에 한국에 와 1890년에 서울의 가톨릭 주교가 되었다.

에 있는 클럽에서 무도회가 열리는데 저도 물론 가려고 합니다. 사람들과 사귀는 기회가 될 테니까요.

    거듭 인사 올리면서 …….

## 존경하는 타벨(Tabel) 씨

**서울 1901년 12월 17일**

　우편 소인에서 보시다시피 저는 궁중 시의(宮中侍醫)와 기타 다른 직책을 가지고 한국의 수도 서울에 와 있습니다. 인구 30만의 도시에 독일인 의사는 저 혼자뿐입니다. 서울에 사는 외국인 가운데 60명 정도가 백인이며 그중에 저를 포함하여 독일인은 7명이 있으니 별로 많은 편은 아닙니다. 가끔 한국 사람들의 건강을 상담하는데, 서양 의학을 극도로 불신하는 태도를 보입니다. 제 몸이 여기에 있어 의학계와 절연한 처지인지라 의학지를 구해 보고 싶습니다. 《뮌헨 의학주보(Münchner Medizinische Wochenschrift)》와 《의학주보(Semaine Médicale)》를 정기적으로 받아보았으면 합니다. 부탁드리는 일을 가능하면 신속히 처리해주시면 고맙겠습니다. 잡지가 제 손에 들어오기까지 꼬박 두 달이 걸리니 말입니다. 시베리아 철도가 잘 운행되고 있으니 그 편으로 보내시는 게 좋을 듯합니다. 지금 이곳에 잠시 머물고 있는 프랑스인 네 사람이 갖고 있는 문서에 따르면 페테르부르크(Peterburg)에서 포트 아르투르까지 18일이 걸린다고 합니다. 구독료를 정기적으로 지불하는 문제는 제 부친과 상의해주시기 바랍니다. 부친의 주소는 다음과 같습니다.

　F. Wunsch, Boberullersdorf, Kreis Hirschberg, Schlesien.

　미리 감사의 말씀 올립니다. 새해 복 많이 받으십시오.
서울 달선궁에서, 한국 황실 시의 분쉬 박사

## 사랑하는 부모님

**서울 1901년 12월 27일**

　지난번에 이것저것 부탁을 늘어놓은 긴 편지를 드린 후 이곳 일이 다소 진전되긴 했지만, 여기서는 모든 일이 기가 찰 정도로 느리게 진행되고 있습니다. 다행히도 저의 궁내 사무실은 이제 마련되었습니다. 저는 황제의 고문과 한지붕 아래서 살게 되었는데, 종이를 바른 벽에다 종이 창문, 그리고 이 나라에서 흔히 볼 수 있는 방바닥 난방을 갖춘 구멍같이 작은 방이 세 개나 있는 사무실입니다. 방바닥은 돌로 덮고 그 위에 종이를 입혀 놓았습니다.

　방을 데울 때는 밑에서 불을 땝니다. 그러니까 화덕 위에서 살고 있는 셈입니다. 날씨가 몹시 추워 길은 미끄러운 빙판이 되어버렸고, 사람이나 물건이나 모두 이동할 때에는 황소나 다리가 뻣뻣한 작은 말(당나귀)을 이용하기 때문에 어디를 보나 빙판에 넘어진 가련한 짐승들이 보입니다. 사람들이 등에 지고 운반하는 물건도 많은데, 예를 들면 돈이 그렇습니다. 이 나라 사람들이 사용하는 작은 백동전이나 동전은 가치가 별로 없기 때문에, 독일 돈으로 10마르크를 운반하려면 지게로 한 짐은 됩니다. 며칠 전에 어떤 남자가 넘어지자 종이꾸러미로 싼 돈이 사방으로 흩어져 굴러가는 것을 보았습니다.

　13일째 사무실 문을 열었지만 찾아오는 환자가 아직 없습니다. 그렇지만 이곳에 와 있는 프랑스인들한테서 신뢰를 얻고 있습니다. 벨기에 공사관의 공의(公醫) 역할을 하고 있다는 것은 지난번에 알려드렸지만, 지금은

1900년대 서울의 주요한 운송수단이었던 황소와 수레

1900년대 서울의 전차

프랑스 공사관의 공의 역도 맡아 하고 있습니다. 그런데 한국인 외과환자가 개인진료 시간에 저를 찾아왔습니다. 그는 치료비조로 닭 열 마리와 달걀 100개를 주고 갔답니다. 제 요리사가 닭 두 마리를 오늘 저녁요리에 썼는데 한 마리로 수프를 끓이고 한 마리는 구웠다고 합니다. 요리사 말이 닭이 추위 때문에 병들어 잡지 않으면 안 되었다고 합니다. 그런데 어찌된 일인지 수프에서는 닭고기가 한 점도 보이질 않습니다. 도둑 맞는 일이 워낙 흔해서 엄청난 손해만 입지 않으면 다행입니다. 특히 날씨가 몹시 추울 때에는 땔감창고나 석탄창고를 잘 지켜야 하며, 정원의 과수에도 눈을 돌려야 합니다. 그러지 않으면 이웃사람들이 과수를 베어갈지 모르거든요. 제가 살고 있는 언덕바지 옆에는 황제의 고문으로 있는 샌즈 씨가 사는데 그에겐 황제가 쓰는 말이 몇 필 있습니다. 그런데 말에게 먹일 건초더미를 정원에 쌓아두었다가 몇 주 사이에 도난당했답니다. 그것도 훤한 대낮에 생긴 일입니다. 드디어 샌즈 씨가 직접 가서 어느 놈이 건초를 훔치는지 알아보기로 작정했습니다. 샌즈 씨의 하인 두 사람과 마부가 마구간에 서 있어 자연히 일이 어떻게 돌아가는지 보게 되었답니다. 그런데 마구간에 웬 남자가 있길래 샌즈 씨가 이들에게 자초지종을 묻자 "매일 대낮에 건초를 훔쳐가는 사람이 바로 이 사람이겠지요"라고 했다지 뭡니까. 어처구니없는 일이지요.

독일어 교사 볼리안(Bolljahn)[16] 씨와 함께 성탄절 저녁을 보내느라고 일부러 제물포까지 가서 거기서 밤을 새웠습니다. 성탄절에는 미국인과 프랑스인을 방문했고 저녁에 그곳에 있는 영국 영사의 초대를 받아 식사를 하고 춤도 추었습니다. 이곳에서 춤을 춘 여인들이 누구누구였냐 하면,
 1. 어느 미국인 대실업가의 부인, 그 실업가의 옛날 첩이었던 일본 여인

---

[16] Johannes Bolljahn: 1890~1898년 도쿄의 농업학교에서 교사로 있었으며, 1898년 서울에 독일어 학원을 설립했다.

과 일본 혈통이 명확하게 드러난 그녀의 딸
  2. 어느 중국 부상(富商)의 부인인 스페인 여인
  3. 어느 영국 부상의 부인
  4. 영국 태생 상인의 부인(그럴싸하게 생겼지만 교양이 없음)
  5. 중국에서 태어난 영국 영사의 부인
  6. 일본에서 태어난 포르투갈 여인
  7. 볼터 씨 아이들의 교육을 맡은 스물한 살 된 여교사 들입니다.

남자들은 여자들에 비해 혼혈이 적습니다. 혼합사회의 개념이 뚜렷이 떠오르지 않는 사람이 있다면 여기 와서 보면 단번에 알 수 있을 것입니다. 춤을 추지 않고 구경만 한 이들도 있었답니다. 상해에서 태어난 영국 여인으로 만삭이 된 볼터 부인, 일본 옷을 입은 일본 여인, 프랑스 세관위원의 부인이었습니다. 음식도 잘 먹었으며 여러 나라 사람이 섞인 모임이었지만 유쾌하게 마음을 터놓고 지낼 수 있었습니다. 지금 막 황궁의 신년 하례에 초대를 받았습니다. 이 모임에서 프로이센의 전 악장이었던 에케르트 씨가 직접 작곡한 한국의 애국가를 연주할 것입니다. 그는 한국에 오기 20년 전 일본에서 궁중 악장으로 있었는데, 발덴부르크(Waldenburg)의 노이로데에서 온 독일인입니다. 아버님께서 이 소식을 《리젠게비르게(Boten aus dem Riesengebirge)》나 《타게블라트(Tageblatt)》에 전해주시면 이 신문들은 기꺼이 기사화할 것입니다. 물론 제 이름을 알릴 필요는 없습니다.

제 일과는 9시에 아침식사를 끝내고, 집과 정원을 한 바퀴 둘러본 다음 10시까지 독서를 합니다. 10시에 독일 말을 몇 마디 하는 한국 젊은이 두 명이 찾아옵니다. 이들을 조수나 보조의로 가르칠 작정입니다. 그래서 매일 아침 두 시간 동안 인체구조에 관한 용어를 독일어로 외우도록 맹훈련시키고 있습니다. 이렇게 학습을 시키는 동안에도 몇몇 한국인이 상담하러 찾아오는데, 그럴 때면 이 두 학생이 통역을 맡습니다. 식사를 마치고 유럽인 환자 몇 명한테 왕진을 갑니다. 2시 30분에서 4시 30분까지 한국인 한 사람이 와서 저에게 한국어를 가르쳐줍니다. 이 사람은 외국어라고는 한마디도 못합니다. 수업은 우선 까마귀발 같은 것을 몇 개 그려놓고 시작하는데 저에게 얼굴을 들이대고 낱말을 똑똑하게 발음하면서 자기 입을 보라고 합니다. 저는 입을 벌리고 무어라고 중얼거려보지만 옳게 발음할 수 없음은 불 보듯 뻔하지요. 이렇게 우리는 피아노 조율사처럼 30분 정도 연습한 다음 30분 좀 넘게 어조 연습을 합니다. 연습하다가 제 목소리가 약간 쉬면 이 친절한 양반은 차를 달여서 목을 축이라고 합니다. 지독스런 마찰음을 연습하려면 그렇게라도 해야 할 것 같습니다. 오늘 그는 열심히 가르쳐보려는 마음으로 제 입에서 궐련을 빼앗았습니다. 담배를 입에다 물고 있으면 학습에 집중할 수 없다고 생각했던 거지요. 말로 설명할 수 없을 때에는 행동으로 보여줍니다. 저는 그 양반을 보고 얼마나 웃었는지 모릅니다. 공부가 끝나자 기다란 흰 옷에다 짙은 남색 코트를 거창하게 걸친 제 경호원이 나타나 수레가 대기하고 있다고 알려주었습니다. 이 수레를 일본어로 인료쿠샤(引力車)라고 하는데, 한국어로 고쳐서 인력거(人力車)라고 하며 바퀴가 두 개 달린 수레를 한 사람이 끄는 식입니다. 뒤에서는 집 문지기가 밀고 옆에서는 경호원이 걸어가는 모양은 장관입니다. 멀리서도 누가 길을 비키지 않으면 소리를 지르면서 지나갑니다. 성문까지 오면 저도 인력거에서 내려 보초를 서는 병사 여섯 명과 장교 한 사람이 서 있는 곳을 지나갑니다. 경호원이 통행증을 보여주고 나면 저는 높은 담으로 에워싸인 나지막하고 각이 진 궁궐과 뜰을 지나 사무실로 갑니다. 사무실에 있으면 궁중관리들이 여럿 찾아와 제게 무언가를 얘기해달라고 합니다. 집무시간이 끝나는 7시가 되면 곧장 집으로 돌아옵니다. 저와 얘기가 통하는 사람은 우리나라 영사인 바이페르트 박사뿐입니다. 그는 두루 교양을 갖춘 훌륭하고 착실한 사람입니다. 그가 딴 곳으로 옮기게 되면 서로가 매우 섭섭할 겁니다. ……

# 신청서[17]

**날짜 미상**

  통역조교 두 명을 채용하는 문제에 관해서 다시 한 번 간절히 청원을 드리는 바입니다. 가능한 한 신속히 황제 폐하에게 추천서를 제출해주시기 바랍니다. 본인이 황궁에서 관리들을 상담할 때에는 번역국의 역관들이 도움을 주어 의사소통이 되었습니다. 그런데 의학문제를 빠르고 확실하며 조리 있게 의사소통을 하려면 독일어를 잘 알고 독일 의학용어의 개념을 이해하여 한국어로 올바르게 통역할 수 있는 사람이 제 곁에서 도와주어야 합니다. 본인은 지난 몇 주간 허씨(Ohin In Hu)와 김씨(J Ho Kim)[18] 두 사람에게 독일어 의학용어를 잘 가르쳤습니다. 귀하께서 이 두 사람의 유용성을 살피시고, 이들이 학습에 시간과 노력을 경주했다는 점을 생각하셔서 역관을 뽑을 때 이들을 각별히 고려해주시기 바랍니다.

  궁내의 상담에서는 역관 한 사람이면 충분하지만 집에서는 조수 한 사람으로는 부족합니다. 벌써부터 궁중에 있는 한국 관리와 외국 관리가 의료상담을 하러 찾아와 수술이 많으므로 제대로 교육받은 조수가 옆에 있어야 좋은 성과를 얻을 수 있을 것입니다. 현재는 조수가 두 사람 필요한데, 통역과 수술보조 외에도 여러 가지 일을 처리할 수 있어야 합니다. 체온을 재고, 수술도구를 준비하고, 붕대를 만들고, 붕대를 감고, 약을 조제

---

17) 분쉬 박사는 통역관 두 명을 조수로 채용하려고 태의원에 신청서를 제출했다고 한다. ─ 옮긴이
18) 원래 표기가 불분명하여 한국 이름이 정확히 무엇인지 알 수 없다. ─ 옮긴이

하는 일들 말입니다. 월급은 한 명에게 20엔, 다른 한 명에게는 15엔을 탁지부(度支部)를 통해 지불하는 게 좋겠습니다. 그리고 역시 의료기구나 의약품을 보충하는 데 사용할 수 있도록 매달 15엔을 탁지부를 통해 지불해주셨으면 합니다. 돈의 지출은 조수를 시켜서 장부에 정확하게 정리하도록 하겠습니다. 이 적은 돈으로 황실 약국에 좋은 최신 의약품을 공급하면 약국을 훨씬 유용하게 이용할 수 있게 될 것입니다.

끝으로 다시 한 번 부탁드립니다. 제 궁중 사무실에서 필요한 가구를 이미 귀하께 작성해드린 목록대로 조속히 마련해주시면 고맙겠습니다.

## 사랑하는 부모님

**서울 1902년 2월 5일**

   그 동안 황제의 신년접견이 있었습니다. 이곳 신정은 우리나라 신정과 같은 때입니다. 그리고 중국식으로 2월 8일에 더 큰 신년잔치를 치르게 됩니다. 이제 사흘 뒤면 그 날이 됩니다. 저는 다시 한 번 황제께 외국 사람으로는 유일한 궁중관리로서 청원을 드리려고 합니다. 황제의 고문과 영국인 여의사 쿡(Cook) 양 외에 언제든지 구애받지 않고 궁중에 드나들 수 있는 통행증을 지참한 사람은 저뿐입니다.
   한국의 고위관리 가운데 큰 권력을 가진 탁지부 대신 이용익[19]과 학부(學部) 대신이 제게 진료를 받았습니다. 그런데 학부 대신과는 좋지 않은 일이 있었습니다. '궁중국가'에서 권력을 쥐고 그를 추종하고 아첨하는 자들이 있는 가운데 제가 그에게 몇 가지 조언을 하자 그는 독일 의학을 빈정댔습니다. 물론 저는 알아듣지 못했으나 역관이 뒤에 그 얘기를 해주었습니다. 한편 저를 찾아와서 치료를 받은 환자들 가운데는 프랑스인과 일본인, 독일인이 늘어나고 있습니다.
   어제 제물포에 있는 어느 독일인 가정을 왕진했고 오늘은 미국인 가정에 가서 진료를 했습니다. …… 저는 여기 있는 의사들에게 항상 친절하게

---

19) 李容翊(1854~1907): 1884년부터 궁에서 가마 메는 일을 하던 이용익은 분쉬 박사가 한국에 체재하고 있을 당시에는 황궁의 재무를 맡아보고 있었다. 벨츠 교수가 쓴 글에 따르면, 이용익은 아주 강인한 체격에다 얼굴이 갸름하고 고와서 서양 사람 같았으며, 특히 손이 눈에 띄게 아름다워 귀태를 느끼게 했다고 한다.

대하면서 동료 사이의 친교란 무엇인지 보여주려고 노력하고 있습니다.

한번은 일본 군의관이 장교 한 사람을 보아달라고 자기네 병원으로 저를 불렀는데, 일본 사령관이 진료 대가로 커다란 일본 우산 두 자루와 지팡이를 세워두는 스탠드와 큼지막한 화병 두 개를 선물로 주었습니다.

한국인을 상대로 한 의료사업이 커지고 있다는 소식 외에도 초기단계인 한국 의료학교에 관해서 몇 말씀 드리겠습니다. 우선 의료학교에서 일본어나 한국어만 사용하니 한심합니다. 학문이래야 뻔한 수준이죠. 게다가 국민의 신앙심에 어긋난다 하여 해부를 금지하고 있으니 의학이 발전할 리가 없으며 해부학의 기초가 전혀 없는 상태입니다.

탁지부 대신은 저의 의료사업을 특별히 인정하여 아름답고 유복한 한국 여자를 아내로 주선해주려고 했습니다. 제가 정중히 사양하였더니, 그 대신 당나귀 한 필을 선사하겠다고 했습니다. 그래서 길들여진 당나귀를 선물받으면 그걸 팔아 말을 한 필 마련하려고 하니, 아예 쓸 만한 말을 한 필 주시면 제 수고도 덜고 여러모로 고맙겠노라는 뜻을 전했습니다. 청일전쟁이 끝난 뒤로 중국에서 군마를 많이 사들인다고 합니다. 탁지부 대신이 어떻게 할는지 알 수 없습니다. 여인도, 당나귀도, 말도 선물하지 않을지도 모릅니다.

그믐날 저녁에 우리나라 영사한테 가서 독일어 교사 볼리안 씨와 덴마크인 전신협회 회장과 함께 지냈습니다. …… 때가 때인 만큼 초청이나 사교모임이 많아 그때마다 힘이 든답니다. …… 우리는 1월 27일, 황제(빌헬름 2세) 탄생일에 우리 영사관에서 한국의 고위관리들을 초대해 파티를 열었습니다. 한국 사람 외에도 사교에 필요하다고 생각되는 서울에 있는 독일인을 모두 불렀습니다. 그러니까 4명하고도 제물포에서 온 몇 명이 더 모였습니다. 2월 6일 또 한 차례 영사가 한국의 황자(皇子)들을 불러 향연을 열 것이고, 2월 8일에는 고위 세관 관리한테 초대를 받아 무도회에 갈 예정입니다. 저는 차라리 집에 앉아 그럴싸한 책이나 읽고 싶습니다.

그러나 이러한 자리를 통해 호감을 주고 되도록이면 즐거운 분위기를 만드는 것이 국가의 명예를 위해 꼭 해야 할 일일 테지만, 독일어가 아닌 영어나 프랑스어로 대화해야 하니 여간 힘든 게 아닙니다. 활기차고 사교적인 이곳 서울에서는 놀랍게도 영어보다 프랑스어가 더 많이 쓰입니다. 영국 말이나 미국 말을 하는 선교사나 여전도사가 프랑스인들보다 많은데도 그렇습니다.

나무 종자를 주문해서 보내주십사 하고 아버님께 부탁드렸는데 아직 못 받았습니다. 수백 년 동안 벌목을 하여 헐벗은 산에 어느 대신이 나무를 심겠다고 하는데, 그 일에 들어갈 자금은 없고 뜻만 있는 듯합니다. 어쨌든 장한 생각임에 틀림없습니다.……

거듭 인사 올리며
리하르트 올림

※ 추신[20]

아버님께서 거듭 강조하셨듯이 어떤 사업을 시작하려면 사업자금이 필요하다는 사실을 이제야 깨달았습니다. 여기서 운영자금 한 푼 없이 시작하긴 했는데 일이 쉽지 않습니다. 시작한 지 얼마 안 되어 몇 푼이나마 손에 쥔 것으로 만족해야겠지요. 독일에서는 그렇게 하지 못했을 것입니다. 그라이프스발트 대학 사람들이 제가 진 빚 1,360마르크를 갚으라고 또 독촉했습니다.…… 지금은 물론 혹한이지만 이곳 기후는 참 좋습니다.

다시 한 번 인사를 드리며……

---

20) 추신은 헬페리히 교수에게 보낸 편지 초안에서 발췌한 것이다. 헬페리히는 독일 그라이프스발트 대학의 외과 교수로 수술톱을 고안한 사람이다.

## 존경하는 추밀고문관 귀하

**날짜 미상**

　한국에 온 지 벌써 넉 달이 지났는데 그 동안 소식 드리지 못했습니다. 이렇게 태만한 저 자신에게 화가 납니다. 변명을 하자면 이곳에 온 처음 3개월 동안은 여기 온 것이 후회스러울 따름인지라 그러한 심경을 알리고 싶지 않아서 글을 올리지 않았습니다.
　가장 맥 빠지는 일은 완전히 생명이 없고 무기력한 조직체와 부대끼는 것이며, 거기에 모처럼 생기를 불어넣는다는 것 또한 무의미한 짓처럼 보입니다. 이곳은 온통 거대한 사구(砂丘) 같습니다. 가끔 정치적인 바람이 일어 표면이 들썩거리기는 하지만 역시 불모의 사막으로 머물러 있다는 느낌이 듭니다. 그나마 좋게 생각한다면 그 모래로 무언가를 만들어 그러한 상태를 벗어나는 법을 배우는 것이라고 생각합니다. 하지만 이 나라 땅 자체는 이러한 비유가 걸맞지 않습니다. 저를 포함한 모든 외국인이 이 나라의 비옥하고 독특한 아름다움을 지닌, 그림같이 아름다운 경치에 매혹되어 있으니까요.……
　그런데 유감스러운 점은 마치 전도하듯이 지나치게 열심히 의료행위를 하는 바람에 의사로서 물질적 혜택을 누릴 수 있는데도 의료행위의 가치가 수치스러울 만큼 낮게 평가되고 있다는 것입니다. 한국인들은 진료받는 것을 마치 자기들이 자선사업을 베푸는 듯한 태도를 보인답니다. 진료비를 내지 않는 것을 당연하게 여길 뿐더러 외국인 의사한테서 약 한 병쯤 선물받는 것은 예사로 압니다. 제가 아는 한국인 의사는 여기에서 의학공부를 마치고 어느 일본 사립대학에서 5년간 또 공부했지만 한국 사람한테는 진료비를 못 받고 있습니다. 이 점에서 일본 사람은 좀 나은 편입니다.

제가 한국어를 알아야 일이 순조로울 것 같습니다. 지금으로서는 사람들이 제 말을 이해만 해주어도 기쁩답니다. 저는 한국인 선생한테서 한국어를 배우고 있는데 그 선생의 아버지도 의사입니다. 몹시 혼란스러워 보이는 언어를 아직도 열심히 배우고 있습니다.

여기에 와 있는 외국인 의사로는 러시아 공사관 공의, 영국 공사관 공의, 미국 선교의사들 다수가 있습니다. 미국인 의사 중에는 40여 명의 환자를 수용할 수 있는 병원을 운영하는 사람이 있는가 하면, 영국공사관 공의는 영국 선교병원과 해군병원의 업무까지 겸임하고 있습니다. 그의 부인도 역시 의사인데 특수 산부인과 병원을 운영하고 있습니다. 이들 부부는 영국인 간호원 네 명에게 보조를 받으며 일하고 있습니다. 황궁에는 저 말고도 영국인 여의사가 한 사람 있습니다.

일본인 거주지역에는 의사가 많습니다. 이들 가운데 군의관이 꽤 아름다운 곳에 병원을 갖고 있습니다. 그리고 일본 공사관 공의는 환자 20명을 수용할 수 있는 병원에서 일합니다. 조수 한두 명과 약제사 한 사람, 일본인 간호원 여럿이 거기서 같이 일하고 있습니다. 여기에 온 지 가장 오래된 일본인 의사 코고 박사는 큰 진료소를 갖고 있는데, 여름까지 병원을 하나 지으려고 합니다. 이 의사는 프랑스 선교회가 운영하고 있는 학교의 교사로 일하면서 300여 명의 아이들이 수용된 고아원을 위해서도 일하고 있습니다.

한국 의료학교에는 일본인 선생 한 명과 한국인 선생 한 명, 학생들 20여 명이 있는데, 학생들은 머지않아 3학년이 됩니다. 이 의료학교에서는 내년 봄에 종합진료소를 개원한다고 합니다. 수업시간에는 한국어와 중국어가 쓰입니다. 그러나 전체적으로 봐서 거창한 계획을 가진 것 같진 않습니다. 우리나라 영사인 바이페르트 박사가 도와주셔서 제가 누리고 있는 사회적 지위는 아주 만족스러우며, 그분이 관심을 가지고 추진하는 병원이 설립되면 상황이 조금 더 좋아질 것입니다. …… 제 자본으로 병원을 연다면 확실히 더 좋겠지만 지금은 그럴 만한 돈이 없고, 녹슨 한국 정부기구의 도움을 받아야 하므로 당분간 기다려야 합니다. 이렇게 기다리는 동안 언어 공부를 꽤 할 수 있으리라 생각합니다. 이런 공부는 지속적으로 할 수는 없겠지만 시간이 좀 흐르면 한국 역사에 관해 대단히 흥미로운 사실을 알게 되리라 생각합니다.

존경하는 추밀고문관님, 제가 런던에서 들은 바로는 인종문제에 각별히 관심을 가지고 계신 줄 압니다. 인종에 관한 연구 때문에 조사할 일이나 문의할 일이 있으면 도움을 드리겠으니 언제든지 물어보십시오.

## 사랑하는 부모님

### 서울 1902년 3월 3일

　제가 살고 있는 집에 얼마나 머물지 모르는데도 과감하게 시설을 하고 있습니다. 땅이 팔릴 경우 그 땅을 한국 정부가 사더라도 집을 비워주어야 하는 처지인데 말입니다. 의사가 살 집치고는 분수에 넘치는 저택입니다. 이제 수술실과 진찰실을 꾸몄고, 정원 안에 자리잡은 한옥에 환자를 두 사람이나 입원시켜놓았습니다. 지금까지 눈 수술을 세 번 했고, 유럽인과 한국인의 손가락을 각각 한 개씩 절단하는 수술을 했습니다. 유럽인 환자들은 대부분 저에게 오는데 그 가운데는 공사관 공의를 따로 두고 있는 러시아 사람도 끼어 있습니다.

　최근에 저는 러시아 공사관에서 주최한 향연에 초대받아 가보았더니 공사급만 초대받고 영사는 초대받지 못했는데 우리나라 영사는 예외로 와 있었습니다. 우리나라는 여기에 영사관만 두고 있어서입니다. 러시아 공사관의 공의는 안 왔지만 러시아 전함의 군 소령이 참석해 그와 사귈 수 있었습니다. 제 오른쪽에는 벨기에 공사, 왼쪽에는 러시아군의 소령, 맞은편에는 이탈리아 공사, 그 옆에는 한국 황자가 앉았습니다. 이 황자는 파리에서 주프랑스 한국 공사로 일하고 있습니다. 식탁에 여성은 딱 한 사람 러시아 공사 비서의 부인이 있었는데, 기분이 썩 유쾌하지는 않았답니다. 10시 조금 지나서 우리 일행은 춤을 추기 위해 프랑스 세관장 집으로 갔습니다. 그 집에서 우리는 새벽 1시 반까지 즐겁게 춤을 추었습니다. 우리는 춤을 출 줄 아는 여인들 일곱 명과 함께 피아노 연주자가 연주를 그만

둘 때까지 계속 춤을 추었습니다. 남자들은 모두 열두 명이었습니다. 매일 이렇게 지내는 것은 아니지만 겨울철에 해야 할 여러 업무가 끝나면 다시 한가해질 것입니다. 제물포에 있는 클럽에서는 보름마다 무도회가 있는데, 모인 사람들은 잡다하지만 사람들과 사귀는 건 흐뭇하다고 저번에 이미 말씀드렸지요.

제물포에 있는 볼터 씨가 부인이 넷째 딸을 낳았다고 전보로 알려왔습니다. 볼터 씨는 실망했을 테고, 그 집 외동아들은 더욱 버릇없이 자라게 되겠지요.

일주일 전쯤에 사건이 하나 발생했는데 문제가 될 것 같습니다. 중국인들이 보름 동안 즐기는 신년잔치의 마지막 날 밤, 어떤 프랑스 사람과 독일 사람이 온갖 술을 잔뜩 마시고는 체면을 던져버린 채 화교들이 모여 사는 좋지 않은 지역의 불미스러운 곳으로 들어갔는데, 거기서 얼마 안 있어 중국 여자인지 한국 여자인지, 아무튼 여자 때문에 싸움이 일어났다고 합니다. 독일 사람은 정신을 차리고 집으로 돌아갔습니다만 다혈질인 프랑스 사람은 집에 가서 권총을 가지고 와 싸움을 계속했답니다. 중국사람들이 그를 호되게 때려주자 궁지에 몰린 이 프랑스 사람이 권총을 꺼내 중국 공사관 소속 경찰을 쏘아 쓰러뜨렸답니다. 이 사건의 파장이 커져 외국 사람들을 경계하는 태도가 다시 나타나게 되었습니다.

이곳에 와 있는 몇몇 독일 사람들은 보통 평온하게 지내는 것 같습니다. 도시 위쪽에 있는 숲이 울창한 남산에는 독일인 궁정악장 에케르트 씨가 살고 있는데, 그 사람 고향이 시골인 노이로데라 그런지 사람이 촌스럽습니다. 그는 가족과 떨어져 적적하게 살고 있어 살아 움직이는 것을 가까이 두고 싶어서인지 소규모로 양돈을 시작했습니다. 그런데 돼지들이 어느 정도 살이 오르자 차례로 세 마리나 도둑을 맞아버렸지 뭡니까. 그래서 다음번 놈은 우리가 잡아먹기로 했습니다. 이렇게 해서 에케르트 씨와 독일어 선생 볼리안 씨, 그리고 저는 갓 삶은 신선한 돼지고기와 베이컨을 얻어먹었답니다. 그리고 안타깝게도 마지막 순간에 도둑맞았지만 소시지도 만들었으며, 저는 돼지고기를 먹을 때 어울리는 노래까지 지었습니다. 에케르트 씨는 이번 주중에 독일에서 오는 부인과 세 딸을 마중하러 일본으로 가며, 아들 셋은 독일의 기숙사에 남겨두고 온다고 합니다.

 식구들은 별고 없는지요? 이런저런 소식을 적어 보내주시면 반가울 겁니다. 《리젠게비르게》나 《가우(家友, Hausfreund)》 또는 《타게블라트》가 서울에서 잘 팔릴 것 같습니다. 이곳에서 일어나는 일상사를 보도하는 한국 신문과 일본 신문이 우리 고향 신문보다 더 작아 별다른 소식을 알려주지 못하고 있으니까요.……

 여기는 요 며칠간 화사한 봄날씨가 이어지더니 다시 눈바람이 불고 습한 냉기가 올라오는 고약한 날씨가 닥쳐 어디를 가나 아주 춥습니다.……

 시베리아 철도가 이번 여름부터 우편물을 취급하게 되면 우편물 전달하는 데 걸리는 시간이 절반으로 줄어들 것입니다. 여객철도편이 진즉부터 운행되고 있는데, 페테르부르크에서 포트 아르투르까지 18~20일 정도 걸린답니다.

## 사랑하는 숄 양에게

**서울 1902년 3월 16일**

 사랑이 담긴 당신 편지를 받고 얼마나 기뻤는지 당신은 짐작도 못할 것입니다. 저에게 호감을 보여주셔서 정말 고맙습니다. 지금까지 살아오면서 제게 용기를 불어넣어준 일은 그리 흔하지 않았고, 오히려 젊은 날 생긴 일들로 실의에 빠진 적이 많습니다. 물론 그러한 시련도 장점이 되어 어려움을 통해 더욱 단련되고 난관을 돌파할 수 있는 능력도 얻었다고 믿습니다. 제가 어디에 있든 혼자 힘으로 살 자신이 있으며, 지금까지 잘해왔다고 생각합니다.
 30만 인구가 사는 이 도시에 외국인이 많지는 않습니다. 특히 독일 사람은 일곱 명뿐입니다. 황실의 가사를 돌보는 알자스 출신 여인과 독일어 선생, 궁정악장, 상인, 영사, 영사관 서기, 그리고 저 이렇습니다. 영국·러시아·일본 공사관은 꽤 오래 전부터 독자적으로 공관의(公館醫)를 채용하고 있습니다. 많은 미국인 남녀 선교사가 시내에서 활약하고 있으며, 저 외에도 궁에서 영국인 여의사가 일하고 있습니다. 이처럼 동료 의사가 있는데도 영국 공사관을 뺀 나머지 공사관의 의료업무를 제가 맡고 있습니다. 한국인 환자는 아직도 많지 않습니다. 하지만 진료소에 간판도 달지 않고, 두 신문 중 어디에도 광고를 내지 않았는데도 찾아오는 사람들이 매일 늘어난답니다. 이미 여러 번 성공적으로 수술을 끝냈고 이곳 사교계에 화젯거리가 거의 없는 터라 제 의술에 관해 많이들 이야기합니다. 수술 보조원은 의학교육은 받아본 적이 없는 독일어 학원에 다니는 한국 학생 두 명입니다. 게다가 저는 이곳에 와 있는 유럽인이나 미국 여성에게 산부인과 의사 노릇까지 하게 되었답니다. 미혼이라는 사실이 산부인과 진료를 거추장스럽게 만들긴 하지만 제가 바람난 개처럼 행동하지는 않기 때문에 이런저런 상담을 하러 찾아오는 사람들이 있습니다.

여기에 와 있는 남자들은 대개가 미혼으로 매우 동양적인 사람들입니다. 사교계에서도 저는 아주 훌륭한 대접을 받는답니다. 공사관에서 향연이 있을 때면 으레 전문 고등외교관들과 자리를 함께합니다. 궁중에서 제가 하는 의료활동은 내세울 만한 것이 못 됩니다만 거기에 만족하고 있습니다. 조그마한 치료라도 궁중에서는 시간이 이루 말할 수 없이 오래 걸립니다. 저는 매일 늦은 오후에 한 시간씩 의전실(儀典室) 내에 있는 사무실에 앉아 있습니다. 거기서 괴테의 작품을 읽거나 몇몇 조신(朝臣)들과 대화를 나누는데, 대부분 의학에 관한 문제를 떠나 에피소드를 늘어놓거나 유럽 대도시에서 일어난 기적에 관해 얘기합니다. 얘기하는 동안 따뜻한 온돌방에 느긋하게 앉아 터키인들처럼 긴 담뱃대로 담배를 피우기 때문에 다리가 저려옵니다.

저는 초소 곳곳에 경비원들이 있는 황궁을 자유롭게 드나들 수 있습니다. 황궁에서는 갖가지 비밀스러운 일이 일어나지만 겉으로는 그렇게 보이지 않습니다. 황제가 800~1,000여 명이나 되는 '측근'들과 함께 기거하는 여러 채로 이루어진 궁은 가건물이고 좀더 나은 건물을 새로 짓는다고 합니다. 제 집의 전망은 좋습니다. 언덕 위 정원 한가운데 있어 서울 어느 곳보다 아름다운 곳이지요. …… 저희 집에서 일하는 하인으로는 물도 길어나르는 대문지기, 저와 함께 시내로 나갈 때 저녁이면 큰 종이등을 들고 길을 밝혀주는 하인이 있는데, 이 종이등에는 한문으로 '황궁 시의(皇宮侍醫)'라는 글씨가 적혀 있답니다. 그리고 집 안 일을 하는 하녀 대신 깔끔한 남자 사환이 있으며, 요리사도 따로 두고 있습니다. 그런데 요리사가 아주 두통거리랍니다. 음식재료를 부지런히 훔쳐가는 데다 요리솜씨라곤 털끝만큼도 없고 음식에 '정성'을 들인다는 것이 어떤 것인지 한번도 생각하지 않는 친구랍니다. 이런 여러 하인들을 거느리고 있는 제가 한국 말을 한마디도 못한다고 상상해보세요. 처음 몇 주일은 재미있었답니다. 대체로 무언극으로 말이 통했으니까요. 이제는 가끔 한마디씩 하는데, 한국 말이 매우 어렵긴 하지만 소화하려고 힘껏 노력하고 있습니다. 매일 오전 8~9시 사이에 한국어를 배우며, 그리고 나서 오후 1시까지 진찰실과 수술실로 개조한 방에서 진료를 합니다. 오후에는 일이나 사교관계로 시내에 나가 몇 군데를 찾아갑니다. 좋은 관계를 유지하려면 사교적인 방문도 꼭 필요하답니다. 5~6시에는 궁에 들어가고 7시에 저녁식사를 한 뒤 맛좋은 여송연을 한 대 피워 물고, 좋은 책을 읽으며 조용한 가운데 모든 일을 잊어버리곤 합니다. 저녁에는 아주 조용합니다. 천장에서 마른 진흙조각이 떨어지는 소리가 마치 쇠붙이 떨어지는 소리처럼 들린답니다.

가끔 매우 외롭다는 느낌도 듭니다. 유럽 사람을 전혀 못 보는 날도 더러 있으니까요. 저녁에는 하인들도 돌아가버리기 때문에 주위에는 사람이라고는 단 한 명도 없습니다. 그래서 강아지나 한 마리 키울까 합니다. 참, 마침 떠올랐는데, 당신은 중매를 잘 하시죠? 저에게 집안 일을 돌볼 상냥한 여인 한 명만 소개해주시겠습니까?

저에게 시집 오는 여인은 아주 행복할 것이며 사교계에서도 한몫 할 수 있을 겁니다. 할 일이 별로 없으니 매일 말을 타고 산책이나 하면 될 테고, 여기에 와 있는 뭇 신사들의 찬탄도 한몸에 받을 것입니다. 이곳 기후는 훌륭하여 건강에 아주 좋습니다. 연극이나 무도회만이 생활의 전부가 아닌 사람에게는 여기서 체류하는 것도 견딜 만합니다. 제 제안이 솔깃하지 않습니까? 이곳으로 오는 여비는 제가 부담하겠습니다. 어떻게 생각하십니까?

사랑하는 숄 양, 이런 구차한 말씀 드린 점 용서해주십시오. 이런 말을 늘어놓은 것은 결혼하고 싶다는 뜻입니다. 젊은 여자라곤 없기 때문에 여기서는 결혼을 할 수 없답니다. 제 아내가 될 사람은 정신적으로나 육체적으로나 여기 와 있는 여인들보다 훨씬 뛰어나야 할 것이고, 저는 아내에게 무척 잘해줄 것입니다. 그리고 제가 원래 허영심이 좀 있는 것처럼 제 아내도 그런 사람이라면 무한히 자랑스러워할 것입니다. 제 단점에 대해서는 더 이상 말씀드리지 않고 이만 줄일까 합니다. 거듭 인사올립니다. 존경하는 당신 언니에게도 인사 전해주십시오.

분쉬 박사 드림

※ 추신
저는 여기서 일기를 쓰고 있습니다. 우리 집과 뜰과 제가 담긴 사진 한 장을 다음에 보내드리겠습니다. ……

## 사랑하는 부모님

**서울 1902년 3월 26일**

　편지를 올리면서 마이어 상사 앞으로 된 수표를 동봉합니다.…… 제가 사는 집을 배경으로 해서 데리고 있는 조수를 찍은 사진을 받아보셨을 줄 압니다. 지금까지 눈 수술을 여러 번 했고 코 수술은 한 번, 손가락 절단수술은 두 번, 흉골 절제수술은 한 번, 복부수술을 한 번 했습니다. 제 구실을 못하는 조수가 도왔지만, 지금까지 모든 수술이 은혜롭게 끝났습니다. 이 소식을 황제폐하께서 들으시고 저에게 관심을 조금 가지기 시작하셨답니다. 병원을 지을 수 있도록 더 넓은 땅을 주시려 하는데, 여기에 관해서 협상하고 있는 중입니다.
　보내드리는 수표로 우선 로멜 씨에게 지불하시고, 그라이프스발트 대학 경리과에도 지불해주십시오. 곧 돈을 좀더 보내드리겠습니다. 장부에 지출 품목을 정리해주십시오.……
　며칠간 봄날이 계속되더니 다시 날씨가 차가워져 일요일에는 얼음까지 얼었답니다. 아침 7시부터 오후 4시까지 들거위 사냥을 했는데 몇 마리 잡았습니다. 벨기에 부영사랑 같이 사냥 나갔는데, 저는 한 마리도 쏘아보지 못하고 멀리서 수백 마리를 보았을 따름입니다.……

## 숄 양에게 쓴 편지 초안

**날짜 미상**

  우선 제가 사는 남산 언덕으로 당신을 안내해 시내를 둘러보게 한 뒤 현재 제가 어떤 생활과 활동을 하고 있는지 알려드리지요. 도시는 높은 바위산으로 둘러싸인 멋진 계곡에 있는데 한결같이 나지막한 오두막이나 작은 집들로 들어차 막 경작한 논밭 같은 인상을 줍니다. 다만 유럽식으로 지은 아연으로 덮힌 성(城) 모양의 몇몇 외국 공관 건물만이 짙은 회색의 단조로움을 비껴갈 뿐입니다. 한국 사람들은 짚을 두껍게 입히거나 검은 기와를 올려 지붕을 잇습니다.

  도시 전체가 수마일이나 뻗은 큰 성벽으로 감싸여 있는데, 가파른 산 위로도 간단없이 뻗어 있답니다. 성벽에는 성문이 사방으로 네 개 나 있는데, 거창한 화강암 아치문이 둔중하고 넓게 뻗은 중국식 천창 지붕을 이고 있습니다. 제 집과 마주보이는 곳에는 높은 천창을 단 가옥집단이 두 군데 있는데, 주로 늙은 소나무와 느릅나무로 둘러싸여 있습니다. 이 두 가옥집단은 고궁으로서 육중한 화강암 돌담으로 둘러싸여 있습니다. 이 고궁들은 내버려진 상태라 조금씩 허물어져가고 있습니다.

  황제가 지금 거처하는 곳도 궁이라고 불리지만 훌륭한 건물은 못 됩니다. 황궁은 낮은 오두막이 꽉 들어차 있는 곳 한가운데 있으며 역시 화강암 돌담으로 싸여 있습니다. 제 집 가까이에는 외국 공관이 있습니다. 도시 남쪽 언덕 위에는 프랑스 가톨릭 선교회에서 새로 지은 성당건물이 웅장하게 솟아 있습니다. 그 옆에 자리잡은 2층짜리 벽돌건물에 선교사, 주

외국 공관들이 에워싸고 있는 경운궁(현 덕수궁) 주변. 대안문(大安門)이라는 글씨가 선명하게 보인다.

1900년대 초반 서울시 풍경. 나지막한 지붕들 사이로 우뚝 솟은 고딕 양식의 성당이 눈에 띈다.

교, 수녀 등이 기거하고 있으며, 수녀들은 고아 200~300명을 돌보고 있습니다. 그리고 도시 중심에서 약간 벗어난 또 다른 언덕 위에는 작은 한옥 두 채가 들어선 정원이 있답니다. 그 집으로 당신을 모실까요? ……

## 사랑하는 부모님

**서울 1902년 4월 9일**

　어머니, 아버지께서 보내주신 글월과 한 꾸러미나 되는 《리젠게비르게》를 지난 금요일에 받았습니다. 에케르트 씨에 관한 기사는 토요일 저녁에 바로 에케르트 씨에게 보여주었습니다. 우리는 에케르트 씨의 쉰 번째 생일인 데다 그의 부인과 세 따님이 도착했다고 해서 겸사겸사 잔치를 벌였습니다. 독일어 선생과 독일 상인, 제가 이 잔치에 참석했습니다. 독일어 선생은 그라벤슈타인(Gravenstein) 씨가 농장을 갖고 있던 포메른(Pommern) 지방 출신입니다.
　제 개인병원은 상황이 점점 좋아지고 있습니다. 이곳에는 유럽인들과 미국인들이 많지 않습니다만, 영국인·러시아인·미국인 의사가 있다 하더라도 제가 유럽인과 미국인 모두를 진료할 때가 올 것입니다. 동아시아를 다루는 독일의 신문에서 저에 대해 '동양의 배추'라는 등 이런저런 기사를 쓰는데 여태까지는 칭찬해주고 있습니다. 프랑스 신문에서도 역시 마찬가지입니다. 누가 저를 위해서 그런 글을 쓰는지 모르겠습니다. 하지만 좋은 견해가 순식간에 부정적으로 바뀔 수 있기 때문에 이런 칭찬들이 달갑게 느껴지지 않는답니다.
　훌륭한 병원을 지으려고 몇 달 전부터 이 나라 대신을 비롯하여 영향력을 행사할 수 있는 인사들을 만나고 궁중 나인(內人)들을 조찬에 초대하는 등 힘을 썼지만, 그 사이에 생긴 처참한 정치상황 때문에 물거품이 되고 말았습니다. 정치만 없다면 얼마나 아름답고 살기 좋은 고장일까요! 하지

손탁 여사와 그녀를 방문한 외국인들(1904)

만 여러 나라가 질시하고 경쟁을 부추겨 모든 것을 망쳐놓았습니다. 저는 처음부터 다시 시작하려고 합니다. 우선 제 적을 사랑으로 포섭하려고 노력할 것입니다. 사람을 괴롭히는 불신이 팽배해도 기분을 상하게 한다거나 거친 행동을 하는 것은 아무런 도움이 되지 않으니까요.

저는 요리사를 지난 달 말에 해고해버렸고 지금은 황실의 으뜸시녀인 손탁(Sontag)[21] 여사한테 가서 식사를 합니다. 그 집 요리는 일품입니다. 손탁 여사는 한국에 온 지 벌써 18년이나 되었습니다. 벨기에 영사와 프랑스 공사의 비서도 거기서 식사를 하며 프랑스어로 대화를 합니다. 점심식사는 가져오게 하며 저녁은 궁에서 퇴근하면 거기로 가서 먹습니다. 여사의 댁은 궁 바로 뒤에 있습니다.

## 서울 1902년 5월 28일

보내주신 상자 잘 도착했습니다. 정말 고맙습니다.…… 저는 건강히 잘 지내고 있습니다. 제 집의 넓은 정원이 천국이 되어버렸습니다. 딸기가 너무 많이 열려서 혼자 다 못 먹을 지경이고 가을엔 과일도 풍성하게 수확하게 될 것입니다. 이곳에 사는 유럽인들이 적어 개인진료소 일은 별 진전이 없습니다. ……

한국 사람은 워낙에 돈을 내는 습관이 들지 않아서 받을 엄두도 못 냅니다. 한국 사람들은 돈이 있을 때가 없고, 저는 의술을 사랑하니 건실하게 무료로 봉사하면서 수술하는 법을 잊지 않으려고 연습하고 있는 셈입니

---

21) Antoinette Sontag:분쉬 박사의 일기와 편지에는 손탁 여사가 자주 등장하는데, 이 여인이 어떻게 해서 황궁에 들어와 그렇게 큰 영향력을 미칠 수 있었는지는 여전히 수수께끼로 남아 있다. 고종이 아관파천으로 러시아 공사 베베르의 보호를 받으며 1년간 지내는 동안 베베르 공사의 처형인 독일 알자스 출신의 중년 여인인 손탁 여사가 시중을 들었다. 고종은 이 여인을 성실하고 사려 깊은 사람으로 여겨 궁으로 데려갔다. 고종은 오랫동안 철저히 폐쇄된 생활을 하다 손탁 여사를 통해 서구의 영향을 받게 되었다. 분쉬 박사는 손탁 여사를 65세 정도 된 아주 건강한 여인으로 기술하고 있다. 여사는 궁정의 의전담당관으로서 황실의 살림을 이끌어갔으며, 사업에도 솜씨를 보여 집을 세 채나 마련했다. 그 가운데 별장 한 채를 집을 마련하지 못한 젊은 유럽인들을 위한 숙식소로 제공하여 사업을 했다. 분쉬 박사도 가끔 거기서 식사를 하곤 했다. 유럽 사람들은 그녀의 도움으로 궁중에서 여러 가지 일을 이룰 수 있었기 때문에 그녀가 제공한 숙식소는 의논하는 장소가 되었다. 손탁 여사는 새로운 황궁을 건설하고 정원을 조경하는 데 참여하는 등 건축사업에도 영향을 미쳤다. 외국 외교관을 초대한 향연은 프랑스식으로 치렀고, 모든 리셉션을 주도하면서 돈을 절약하고 재정적 부패를 막았다. 그녀는 서울에서뿐 아니라 서울을 벗어나 먼 곳에서도 야유회를 주관하기도 했다. 손탁 여사는 높은 교양을 지닌 여인은 아니었지만 자의식이 강하고 실천력이 뛰어난 여인으로서 서울에 왔던 유럽인들에게 도움을 줄 수 있었던 것만은 확실하다. 러일전쟁이 끝나자 손탁 여사는 유럽으로 건너가 한국 황실의 어려움을 호소하여 황실을 도우려 했지만 아무런 성과도 얻지 못했다. 여사는 만년에 지중해 리비에라 해안에서 부유하게 여생을 보냈다.

1900년대 초반 한강의 살곶이 다리

다. 그간 방광수술과 방광질루(膀胱膣瘻) 수술을 성공리에 끝마쳤으며, 위 절개수술과 그 외 여러 가지 수술을 해보았습니다. 보건관(保健官) 미델도르프(Middeldorf) 씨가 안부를 물어보거든 인사 전해주십시오.

궁중에서는 지금까지 별다른 일거리를 주지 않아 상황 판단을 하려고 날마다 입궐하여 물어보곤 합니다. 몇몇 환관이 가끔 사소한 흉터를 수술로 없앨 수 있는지 물어오는 것이 고작입니다.

지난 일요일에는 영국 영사와 세관에서 일하는 영국인, 그리고 어느 독일 사람과 함께 한강 상류로 멋진 보트 놀이를 갔습니다. 일꾼 다섯 명에다 보트를 저을 뱃사공 세 사람도 데리고 갔습니다. 우리는 종일토록 물 위에서 시간을 보냈답니다. 강변은 양쪽 다 그림처럼 아름다웠습니다. 흙벽에 초가지붕을 올린 오두막 몇 채가 모인 작은 마을이 강가 가까이 있을 뿐, 강을 둘러싼 아름다운 자연은 온통 우리 세상이었습니다. 우리는 수영복 차림으로 물에 들어갔다가 다시 보트에 올라타거나 부드러운 모래밭으로 올라오곤 했습니다. 강줄기가 여러 갈래로 갈라지면서 높고 푸른 산으로 둘러싸여 거대한 호수를 이루고 물이 수정처럼 맑아 보덴제(Bodensee)[22] 풍경을 떠올리게 합니다. 수많은 왜가리며 흰색과 회색 오리, 붉은발도요와 잠수조(潛水鳥)들, 그리고 이름 모를 물새들이 활기찬 장관을 연출합니다. 이 새들은 사람을 두려워하지 않아 가까이 다가가서 살펴볼 수 있었습니다. 살생할 생각이 날까봐, 또 자연을 있는 그대로 완상(完賞)하고 싶었기 때문에 총을 가져가지는 않았습니다. 이처럼 강변에 나온다든지, 가까운 산으로 가끔 등반하거나 아름다운 계곡으로 소풍을 가는 것만이 몹시 단조로운 이곳 생활에서 누리는 유일한 휴식입니다. 좀 더 큰 변화라면 세계일주나 휴양차 여행하는 사람들이 가끔 찾아오는 것입니다. 이제는 세계를 여행하고 싶다면 일본과 중국뿐만 아니라 한국도 방문하는 게 좋다고 생각합니다. 상해와 천진의 수비대에서 일하는 독일 장교들이 이곳을 여러 번 다녀갔습니다. ……

### 서울 1902년 7월 14일

…… 프랑스 공사관에서 프랑스 국경일을 기념하는 화려한 무도회를 열었습니다. 장마가 시작되어 밤에도 비가 억수같이 쏟아져 시원하고, 낮에는 내린 비가 몽땅 증발해 짙은 안개가 되어 산 위에 걸리며, 집 안에도 습기가 가득 스며듭니다. 문짝이며 서랍이 뒤틀리고 옷과 장화에 곰팡이가 슬어 물건이 다 썩어버리기 전에 바람을 잘 쏘이라고 하인들에게 계속 당부해야 합니다.

중국의 항구에서 콜레라가 발생해 제가 궁내에 소규모 위생조치를 내렸습니다. 한국 정부는 위생문제에 관해서는 이해도 못하고, 돈도 없으며, 필요성도

---

22) 독일, 오스트리아, 스위스 국경에 있는 굉장히 큰 호수. 콘스탄츠 호라고도 한다. —옮긴이

못 느끼는 것 같습니다. 일본인이 사는 구역은 매우 깨끗하고 밝은데, 한국인들은 게으름에 빠져서인지 그런 것이 눈에 뵈지 않나 봅니다.……

　문제의 청구서를 완전히 청산해 이제 빚은 없으며 저축도 좀 할 수 있을 것 같습니다. 이 직장이 비록 불리한 점이 있긴 하지만, 어디서 이렇게 빨리 수천 마르크를 모을 수 있겠습니까? 이 나라 사정이 좀 나아질 가능성은 있습니다. 하지만 곧 전쟁이 터진다면 문제가 아주 심각해질 것이며 저 같이 궁에 채용된 사람들은 모두 망할 것입니다. 5년 동안 유지되는 영일조약(英日條約)이 끝날 때까지라도 현상유지가 되기를 바랄 뿐입니다. 그때까지는 조금이라도 저축을 해야겠지요. 그것이 최선일 것입니다. 이곳에서도 땅을 살 수 있겠지만, 여기에 영원히 머문다는 건 쓸모없는 짓이겠지요.

### 분쉬 박사의 위생조치[23]

　중국 항구도시에 콜레라가 번지고 있다는 소식을 최근에 접했습니다만, 사람의 분비물을 적절히 처리하는 일은 서울을 위해서도 새롭고 중요하리라 생각합니다. 그래서 내부(內部) 대신께 제의를 하는 바입니다. 궁에서 병이 발생할 때를 대비해 필요한 예방조치가 어떤 것인지 보여주셔야 합니다.

　감염은 주로 철저하지 못한 화장실 시설 때문에 생깁니다. 변기를 제때 비우지 않는 것도 문제일 뿐더러 변기 자체에도 결함이 있습니다. 변기 속에 있는 내용물이 대부분 땅속에 스며들어 온갖 병원체에 영양을 계속 공급하고, 악취를 내뿜는 데다 가까이 있는 우물까지 오염시킬까 우려됩니

---

23) 1902년 콜레라가 발생하자 분쉬 박사는 황실을 보호하려고 내부 대신을 통해 위생조치를 내렸다.

다. 그리고 소변이 흘러나가는 하수구에 뚜껑을 닫지 않아 온갖 쓰레기가 거기에 쌓이고 있더군요. 아주 더운 계절에는 곳에 따라 바싹 말라 있기도 합니다. 병균이 우글거리는 진창이 먼지가 되어 공중으로 날아가 지나다니는 사람들의 호흡기관과 눈에 들어갑니다. 그래서 염증이 생깁니다. 땅이 축축하게 젖어 있으면 이 하수구에 파리와 모기가 번식하고 파손된 하수도에는 시궁쥐가 서식하여 흑사병을 일으키는 원인이 됩니다. 제가 제안하는 개선책은 다음과 같습니다.

1. 사람의 모든 오물을 처리하는 일정한 용기가 새지 않는지 점검하고 파손되었을 경우는 적절한 것으로 대치해야 합니다.

2. 용기는 공기가 들어가지 않도록 밀폐해야 하며 적어도 매주 2회 일정한 시간에 걷어가서 도성 밖 한 곳에 비워 꼭 청결하게 해야 합니다. 제대로 수거하려면 예비 용기가 있어야 합니다.

3. 우선 청소는 기구로 해야 하며 용기가 놓여 있던 곳이 불결하면 석회수(물에 20%의 석회를 탄 용액)로 깨끗이 닦아야 합니다.

4. 배수로와 하수구를 적어도 매주 2회 청소하고 석회수로 깨끗이 닦아야 합니다.

5. 군인을 포함한 궁내의 모든 사람은 반드시 볼일을 화장실에서 봐야 합니다. 그리고 궁내에 거주하는 사람들을 위협하는 위험에 주의를 기울여야 합니다.

귀하께서 황실과 궁내 거주자의 건강을 위해서 필요한 긴급 위생조치를 시행하시려면, 시행감독을 궁내 경호대에 맡기시는 게 제일 좋을 것입니다.

위에서 언급한 것 외에도 기술적인 개별 사항을 언제든지 알려드릴 용의가 있습니다. 하수도가 제 기능을 발휘하려면 잘 파야 합니다. 궁과 도시 주변환경을 위해서도 이러한 조치를 적절히 시행하시는 게 바람직할 것입니다.

### 분쉬 박사가 콜레라 방역을 위해 독일 영사관에 제출한 제안서(1902)

1. 의료청 신설과 조직
 우매한 한국 관리 한 사람 때문에 폐지되지 않도록 조직할 것.
 이와 관련하여 병원을 짓고 전염병이 만연하는 동안 의사를 특별히 대우해줄 것.
 병원으로 사용할 건물이 없다면 천막을 쳐서 사용하되 군대가 경비하게 할 것.
2. 통신제도의 도입과 조직
 경찰서로 하여금 공사관에 보고하게 할 것.
 전염병이 발생한 지역을 중앙관서의 시내 지도에 표시하여 전염병이 만연한 구역을 폐쇄하고, 전체적으로 상황을 파악할 수 있도록 할 것.
3. 도로청소와 오물수거제도의 조직
 도로에 대소변을 버리는 행위를 금지할 것. 청소한 뒤 나온 하수구 오물을 길에 버리게 하지 말고 수거해갈 것. 현재로서 가장 바람직한 조치는 하수구 오물을 청소하지 않고 그냥 두는 것.
4. 식료품 판매의 감독
 과일가게, 채소가게, 술집을 감독해 썩은 식품이 없도록 하고 주류를 한 사람에게 너무 많이 팔지 못하게 할 것.
5. 공동우물에 오물이 스며들어가는지 검사할 것. 가능하다면 예방접종을 실시할 것. 콜레라 왁신과 키타사토[24]로 예방할 것. 이와 같은 예방접종은 a) 진정을 시키며 b) 학문적으로 가치가 있고 c) 돈이 거의 들지 않으며 d) 실질적으로 효과를 볼 수 있다.
6. 석회를 싼값으로 정부에서 공매할 것. 그리고 경우에 따라서는 설사

---

[24] 일본인 의대연구소 창설자 이름이자 그가 개발한 약품 이름

를 먹게 하는 약을 판매할 것.

제가 생각하기로는 위 사항들이 준수되어야 할 점입니다. 사소한 일은 의료청에 위임하고 공사관들이 적절히 조정해야 할 것입니다. 송금된 돈은 은행에 넣어서 이자를 받고, 전염병이 지나가고 나면 신문 등에 공개적으로 회계보고를 해야 할 것입니다.

### 서울 1902년 8월 16일

제 집 실내는 에케르트 악장의 세 따님 가운데 무척 상냥하고 마음에 드는 따님의 도움으로 확 달라졌습니다. 이 아가씨가 안쪽 커튼감, 바깥쪽 커튼감, 책상보감 등을 사와 바느질한 다음 거의 혼자서 달아놓았답니다. 저는 도와줄 시간이 없었습니다. 이제야 집이 아늑해 보입니다. 집안 일은 다음과 같이 이루어집니다. 바느질이며 사소한 물건을 사들이는 일은 에케르트 씨의 따님들이 저보다 일본어를 유창하게 구사하기 때문에 더 값싸게 처리해줍니다. 그 대가로 저는 에케르트 씨 가족에게 정원에서 나는 과일과 채소류의 대부분을 주는 등 식료품을 많이 주고 있답니다. 그러면 그들은 살림 잘하는 독일 아낙네들이 흔히 그러듯이 삶아서 즙을 내거나 합니다. 그뿐 아니라 계란도 많이 보내줍니다. 진료 수가로 때때로 계란을 수백 개나 얻거든요. 한국 사람들은 진료비를 돈으로 잘 지불하지 않습니다. 하지만 시간이 지나면 돈으로 내게 할 요량입니다.

최근에 한국 산모의 아기를 처음으로 받았습니다. 이 일은 아주 보기 드문 새로운 뉴스감입니다. 한국 여인은 남자 의사의 진찰을 받거나 도움을 받기보다는 차라리 죽는 게 낫다고 생각하니까요. 이번 경우는 신열이 있고 진통이 3일 동안 계속되는 난산이었는데, 골반이 너무 좁아 아기가 죽었습니다. 저는 태아를 절단해서 꺼내야 했습니다. 산모는 경과가 좋은 것 같습니다. 바로 그 주에 어느 프랑스 여인의 해산도 도와주었습니다. 이 여인도 골반이 정상이 아니었으나 순조롭게 해산했습니다. 이 여인은 26도 그늘에서 해산했는데, 산욕기간 동안에 체온이 37도 2부 이상으로는 올라가지 않았습니다. 한국 여인의 해산을 도와준 대가로 참외 한 개를 받았다는 점을 말씀드려야겠습니다. 요즈음 길에서는 참외를 무더기로 내놓고 파는데, 한국 사람들은 참외를 마구 먹어 누구를 막론하고 설사를 합니다. 길 도처에서 설사하는 광경을 볼 때엔 식욕이 싹 가십니다.

한국 북부지방에서는 콜레라가 소화기관이 허약한 사람에게 발생해 상당한 피해를 주고 있습니다. 정부에서 분별 있는 예방조치를 할 수 있도록 하려고 여기 있는 의사들과 일본 사람, 한국 사람, 러시아 사람, 영국 사람, 미국 사람이 모여 의료협의회를 결성하려고 합니다. 아직까지는 별 진척이 없습니다. 이제 더운 계절이 거의 지난 거나 마찬가지니 콜레라가 도시까지 번지지 않기를 바랄 뿐입니다. 다행히도 우리는 천연두를 막았습니다. 천연두가 발생할 만한 지역에 사는 많은 사람들에게 재접종을 해 초기에 근절할 수 있었답니다. 저도 물론 주사를 맞았는데 농진이 생겼습니다. 독일 영사관에서는 고용한 많은 한국인, 일본인들에게 접종시키려고 1년에 100엔을 내고 접종약을 청약해두었는데, 영사관 예산이 아니라 영사의 쌈짓돈이었답니다. 제가 바라는 바는 영사관이 공사관으로 승격해서 독일 정부에서 고용하는 공의가 되는 것입니다.

지난 몇 달 동안 중국 황제의 탄신일, 독일 영사관 낙성식, 프랑스 공화국의 국경일, 영국 왕의 대관축제가 연달아 있었습니다. 이달에는 한국 황제의 탄신 50주년 행사가 있고, 또 10월에는 대관기념일을 맞게 되며, 황제가 노령에 접어든다고 해서 보름 동안 축제를 벌이게 됩니다. 그는 막 쉰 살이 되었는데, 이 나라에서 쉰 살을 넘긴다는 것은 각별한 의미가 있습니다. 한국과 조약을 체결한 모든 나라에 초대장이 발부되어 각 나라가 얼마 전까지도 이 행사에 특별사절단을 파견하려 했는데 또다시 사정이 달라졌습니다. 러시아, 중국, 일본만 수행원을 대동한 특별사절단을 보낸다고 합니다. 보름 동안 치러질 이 축제 기간에 여섯 차례나 있을 큰 향연을 어떻게 감당해낼지 모르겠습니다. 아주까리 기름을 미리 충분히 준비해두는 게 좋을 것 같습니다. 저도 축제위원회에 참가하고 있습니다. 가을 꽃 축제를 벌인다고 하는데, 사람들을 잘 설득해 지금은 꽃이 없으니 가든 파티나 하자고 할 생각입니다. 공사를 파견하지 않는 나라에서는 제독이라도 보낼 테니까 축제일 하객이 150여 명은 될 것입니다.

　9월에는 벨츠[25] 교수가 제가 어떻게 지내는지 보려고 도쿄에서 다니러 오실 겁니다. 지금 영사의 손님으로 일본에 있는 수의학교(獸醫學校) 교수가 이곳에 와 머물고 있는데, 그도 역시 슐레지엔 사람이며 슈트렐렌(Strehlen) 행정지역에서 수의사를 했던 분입니다. 벨츠 교수와 함께 황제에게 다시 한 번 병원 설립 계획을 얘기하면 일이 관철될 수도 있을 것입니다.

---

[25] Erwin Bälz(1849~1913): 1876~1905년 도쿄에 머문 저명한 일본 연구가. 일본 황실의 시의였고, 1876년부터는 도쿄 대학에 내과 교수로 재직했다.

## 존경하는 볼터 씨

**서울 1902년 9월 23일**

   동고개에 있는 당신의 종업원들에게 다음과 같은 사항을 공지시키는 것이 좋겠습니다. 콜레라는 입을 통해서 몸으로 들어가는 병균 때문에 생기는 병입니다. 이 균은 콜레라 환자의 토사물에 섞여 있습니다. 그리고 이 토사물과 접촉한 모든 것에도 들어 있습니다. 즉 옷이나 수건, 마룻바닥, 벽, 환자의 몸과 환자를 돌보는 사람의 손이 문제가 될 수 있습니다. 뿐만 아니라 식료품이나 과일, 채소도 마찬가지입니다. 이러한 병균은 옷이나 다른 더러운 물건을 세탁할 때 강이나 샘물로 흘러들어가기도 하고, 하수구 주위에 있는 샘으로 바로 들어갈 수도 있습니다. 그런 더러운 물을 마실 때에도 콜레라에 걸리게 됩니다. 몸이나 식기, 과일, 채소를 씻을 때에도 역시 감염될 위험이 있습니다. 화학약품으로 소독하고, 채소나 과일은 끓인 물에다 씻고, 음식은 끓는 물로 소독한 식기에 담아야 합니다.

## 사랑하는 부모님

**서울 1902년 11월 20일**

   지금 티푸스가 이곳에 와 있는 외국인들 사이에 만연해 있습니다. 얼마 전에는 한국 사람들이 콜레라에 걸려 1,000여 명이나 희생되었습니다. 유럽인 두 사람도 콜레라로 죽었습니다. 저는 정부 혹은 황제에게 전염병 방역조치조로 6,000마르크를 받아 늙고 무능한 서울시 경무청장과 함께 일했습니다. 여러 가지 곡절이 있었지만 우리는 어느 정도 목표를 달성했습니다. 우리는 때로는 아주 더러운 구역에서 밤낮으로 직접 일했습니다. 황제는 제가 병을 궁중에 끌고 올까봐 두려워 궁에 들어오지 못하게 하기도 했습니다.
   제 개인환자 가운데 두 명을 티푸스로 잃었습니다. 이탈리아 영사인 프란체세티 디 말그라(Francesetti di Malgra)[26] 백작과, 며칠 전에는 미국인 백만장자 사업가 콜브란(Collbran)[27] 씨의 스무 살도 채 안 된 딸이 죽었습니다. 콜브란 씨는 여기서 전차회사를 갖고 있고 중국에는 금광 등이 있습니다. 저는 이 불행을 참아내기가 몹시 힘들었습니다. 죽은 영사와는 개인적으로 친교가 많았으며, 콜브란 양과는 춤도 추고 정구도 같이 했으며 외교적인 향연에서는 제 동반자 노릇도 했습니다. 그녀가 죽기 2주 전에는 꿩 사냥을 같이 가기도 했습니다. 그녀의 오빠도 티푸스에 걸렸는데 병세

---

26) Francesetti di Malgra(?~1902): 1901년 11월 서울 주재 이탈리아 영사로 왔다.
27) 미국의 대사업가로서 서울에 전기회사를 갖고 있었으며, 한국 황실은 이 회사에 부분적으로만 소유권을 가지고 있었다.

가 심각해 아직도 드러누워 있습니다. 이처럼 친구를 잃고 수심에 잠기는 시련 외에도 여기 있는 동료들과의 관계도 녹록지 않습니다. 일본 사람과 미국 사람은 점잖은 편이어서 수술하거나 진료할 때 보수를 받지 않고 그들을 도와주고 있습니다. 러시아인 개업의(開業醫)는 한 사람도 없고, 공사관 공의만 있습니다. 그런데 전부터 여기서 가장 큰 개인진료소를 열고 영국 공관의를 겸직하고 있는 영국 사람이 저를 아주 어렵게 합니다. 환자를 간호하려면 간호사가 필요한데, 영국 공관의가 선교병원에서 교육을 잘 받은 영국인 간호사를 데리고 있기에 영국 수간호사에게 가서 간호사를 좀 보내달라고 청했습니다. 그랬더니 그 영국 친구가 "영국 간호원이 독일 의사를 위해서 와 있단 말이오? 또 만일 환자에게 간호원이 필요하다면 영국 의사한테 올 일이지" 하고 소리소리 질렀습니다. 하지만 소리를 질러대봤자 저는 아무렇지도 않았고, 그들은 선교사들이 비인간적이라는 소리를 들을까봐 두려워 결국 간호사를 보내주었습니다.

이런 일이 다시는 생기지 않게 독일 선교단이 이곳에 간호사를 데리고 올 수 있게 하려고 애쓰고 있습니다. 이런 사건도 있었지만 기분전환할 수 있는 일들도 여러 가지 있었습니다. 친한 사람들이나 흥미로운 사람들이 저를 찾아와준 것입니다. 얀손(Janson) 교수, 리스(Riess) 교수, 일본 도쿄 대학의 벨츠 교수가 찾아왔습니다. 또 상해에서 하크만(Hackmann) 목사와 극동아시아 대륙에서 장교들 여럿이 일본과 한국에서 몇 주일간 휴가를 보내려고 왔습니다. 그 가운데는 히르슈베르크에서 고등학교를 다녔던 바센게(Bassenge) 박사도 있는데, 바로 그라이프스발트 대학 동창입니다.

그리고 철갑함 '비스마르크후작호'가 잠시 제물포에 정박했는데, 그 배의 제독 가이슬러(Geissler)[28] 씨가 저를 초대하였습니다. 떠다니는 커다란 요새를 구경하기는 이번이 처음이었는데, 대단히 위용 있는 배였습니다. 제독이 출항하면서 선물로 준 배의 사진을 진료실에다 자랑스럽게 걸어두었습니다. 외교관 같은 따분한 생활에 생기를 불어넣어준 일이 또 있었습니다. 베베르(Waeber) 각하가 부인과 함께 고종 황제 즉위 40주년을 축하해주러 러시아 황제의 특사로서 여기 도착한 것입니다. 원래 10월에 하기로 되어 있던 축제가 콜레라 때문에 이듬해 봄으로 연기되는 동안, 베베르 씨는 이미 이르쿠츠크(Irkutsk)로 오는 중이었습니다. 이제 그는 한국에 도착해 4월이 오기를 기다리고 있는 중입니다. 그는 손탁 여사 댁에 기거하면서 우리와 함께 식사를 하며 독일어나 프랑스어로 대화했습니다. 그런데 베베르 씨는 도착한 지 이틀 만에 제 환자가 되었습니다. 이 일을 계기로 황제도 직접 외국인 의사에게 진료를 받아보려고 마음을 돌리게 되었습니다.

한국인 의사 6~7명이 날마다 황제를 치료하고 있습니다. 이 의사들은 황제의 양팔을 매우 진지하게 진맥하는데, 진맥이 끝나면 1/4리터나 되는 괴상한 약을 마시게 하는 것으로 진료를 마칩니다. 그렇게 하여 황제는 그 날 겨우 회복하고 다음 날 똑같이 진찰받고 약 마시기를 반복합니다. 저는 저녁 늦게 황제 앞에 불려가 그의 만성감기에 대해서 아주 느긋하게 대화를 나누었습니다. 저는 황제에게 생활방식이 뒤틀려 그런 감기에 걸렸다고 말씀드렸습니다. 황제는 어려운 정무를 수행하는 동안 내내 지독하게 뜨거운 열을 뿜는 두 쇠난로 사이에 앉아 있답니다. 그리고 황제가 집무하는 공간의 바닥은 차고 벽은 미닫이문으로 되어 있으며, 기름종이로 가장자리를 둘러쳤습니다. 황제는 낮에 잠을 자고 오후 3시에 일어나서 새벽 3~4시나 동틀 때까지 쭈그리고 앉아 있으며 가끔 마당을 가로질러 궁안의 이건물 저건물로 건너다닌다고 합니다. 쉽게 차가워지는 비단 옷만 입고 있는 것도 발병의 원인이었습니다. ……

황제의 죽음에 대한 널리 알려진 신문보도는 사실과 전혀 다릅니다.

---

28) Richard Geissler(1848~1922): 부제독으로 1902~1903년 비스마르크후작호의 순양함 대장이었다.

고종 황제의 옥좌

## 서울 1903년 2월 6일

작년 12월부터 올 1월까지 눈이 많이 내렸습니다. 요 며칠간 따뜻해지면서 눈이 녹아 길이 말할 수 없이 더러워졌습니다. 길 양편으로 사람들이 비틀거리면서 걸어가고 있고, 한가운데는 갈색 소스를 부은 것 같은 진흙탕인데 이곳의 일반적인 교통수단인 황소가 무릎까지 빠진 채 걸어갑니다. 저 역시 적어도 열 번은 푹 빠져서 고무신에 진흙탕물이 잔뜩 고이곤 했습니다.

이번에는 천연두가 꽤 많이 퍼졌습니다. 위생주의 조치에는 아랑곳하지 않고 천연두 환자들이 길에 나돌아다니는 것을 볼 수 있습니다. 아이들이 한꺼번에 죽어가는데, 미신 때문에 시체를 매장하지 않고 짚과 광목으로 싸서 성문 앞에 있는 나무에 걸어둡니다.

정월에는 향연이 많아 자주 외출하고 열여덟 번이나 저녁식사에 초대되었답니다. 다음 날 아침에 일하려면 힘들었는데 이제는 요령이 생겼습니다.

제 활동영역은 조금 확대되었지만 병원을 짓는 일은 엄두도 못 냅니다. 한국 정부는 그런 일에는 한 푼도 쓰지 않고 유치한 일에 수천 냥을 바치니 계산 능력이 의심스러울 지경입니다. 나라가 놀랍게 메말라버렸고 남부지방에서는 세금이 혹독하다고 폭동이 일어나고 있습니다. 그래도 포대가 몇 개 달린 낡은 일본 전함[29]을 사들일 수백만 마르크는 있는 모양입니다. 얼마 전에는 궁중에서 영사기를 샀는데, 신품이라고 4,000마르크를 주었다지 뭡니까. 몇 년 전 파리에서 500프랑밖에 안 하던 낡은 것으로 램프도 없는 망가진 기계였는데 말입니다. 거의 매일 이런 일이 일어납니다. 사람들이 진정으로 하는 충고는 받아들이지 않고, 닥치는 대로 사기꾼에게 걸려듭니다.

클럽이 꼭 필요해 하나 만들었는데 회원은 영국, 프랑스, 러시아, 중국, 일본, 독일, 덴마크, 이탈리아, 벨기에, 미국 등지에서 온 60여 명이랍니다. 이 클럽을 만드느라고 협의하는 동안 언어 때문에 정말 혼란스러웠습니다. 영어와 프랑스어 가운데 어느 언어가 주도적인 언어가 되어야 하는지 논쟁이 붙은 것입니다. 결국 결정하지 못하고 두 언어를 겸용하는 것으로 낙착되었습니다. 클럽 위원회는 러시아 공사, 프랑스 공관 서기, 영국

---

[29] 《쾰른 신문(Kölnische Zeitung)》 1903년 7월 1일자에 따르면 황제가 시속 11노트인 3,000톤짜리 수송선을 50만 엔(100만 마르크)에 사들였다고 한다. 승무원은 일본 사람들이어야 한다는 조건이었다. 그런데 탁지부 대신 이용익이 자신이 자리에 없을 때 계약되었다고 지불을 거절했다. 그러자 일본에서 30만 엔의 손해배상을 청구했다.

1900년대 초반 무속인들의 굿거리

세관 관리, 미국 총영사, 그리고 저 이렇게 다섯 사람으로 이루어져 있으며, 회장으로 러시아 공사가 선출되었습니다. 미국 총영사와 제가 표를 많이 얻어 아주 자랑스러웠습니다.

우리 모두가 좋아했던 바이페르트 박사가 서울을 떠나고 그 대신 정식으로 공사(公使)가 올 예정입니다. 두 달 뒤 벨츠 교수가 일본에서 건너오는데, 그와 함께 3~4주 동안 우선 북부지방을 여행한 다음 동북쪽인 원산까지 갔다가 서울로 돌아올까 합니다. 여행하면서 주로 인류학과 인종학에 관련된 조사를 하려고 합니다. 처음에는 작은 조랑말을 타고 여행할 텐데 타본 경험이 없으면 약간 불편할 것 같습니다.

크리크 박사가 홍콩에서 상해로 가 거기 있는 독일인 의사 두 사람과 함께 병원을 차리려고 합니다. 전망 있는 사업입니다. 크리크 박사가 홍콩에 있는 자기 병원을 저더러 인수하라고 하지만 지금은 받아들일 수 없습니다. 여기저기서 계속 우왕좌왕 하면 어찌 되겠습니까? 상해라면 또 다른 문제겠지만.

### 서울 1903년 3월 24일

⋯⋯ 그 사이 성문 앞에 있는 넓은 대지를 3,700엔 주고 샀습니다. 언덕 위에 자리잡고 있으며, 잘 가꾸어놓은 오래된 정원이 있습니다. 이 대지는 두 역 사이에 있으며, 앞으로 서울 – 의주 간 철로에 역이 또 하나 들어설 예정이라 아주 좋은 위치입니다. 서대문을 통해 성안에 있는 공사관 지역으로 갈 수도 있습니다.

사람들이 다들 아주 잘 샀다고 합니다. 외국 사람이 대지를 사려고 하면 정부에서 쉽게 허가해주지 않을 뿐더러 시장이 외국인에게 소유권을 잘 내주지 않거든요. 저는 그 땅을 한 러시아 대령에게서 샀는데, 그는 정부가 외국인에게 호의적일 때 소유권을 얻었다고 합니다. 외국인들 사이에서 이루어지는 매매는 정부로서도 어쩔 수 없습니다. 모든 서류가 구비되어 있으니 어느 누구도 무어라 말할 수 없는 것이죠. ⋯⋯

서울로 오는 여행자들이 점점 더 늘어납니다. 몇 주일 뒤에는 바이에른(Bayern)의 황태자가 부인과 함께 익명으로 이곳을 지나가게 되는데, 제가 안내자로 지명되어 도시의 명승지를 안내할 예정입니다. 4월 중순에는 잘더른(Saldern)[30] 공사가 새로 부임해옵니다. 그는 지금까지 태국의 방콕에 있었다고 합니다. 아마 비서도 올 테니 독일 사람이 한 명 더 늘어나고 공사관 식구도 늘겠지요. 4월 초에 벨츠 교수가 도쿄에서 오는데, 일본, 중국, 한국에서 의학의 절대권위자인 그가 제 집에 와서 묵을 것입니다. 지금 우리가 가려는 지방에 소요가 크게 일어나 모든 것이 진정되면 계획

---

30) Conrad von Saldern(1847~1909): 서울 주재 독일 공사

한 여행을 같이 갈까 합니다. 신교와 구교 신자들이 그네들 선교사의 지휘 아래 싸우고 있습니다. 사람들은 그 싸움이 폭동으로 변할까봐 두려워하고 있습니다. 이 나라 어딘가에는 항상 불이 붙고 있는데 정부가 완전히 무능해 그 불을 진압할 수 없답니다. 그럴 때면 일본 사람들이 위험한 지대에 머물고 있는 동포 두세 명을 보호한답시고 무력으로 간섭하며 그곳에 주둔해버립니다. 참 기가 찰 노릇입니다.

### 서울 1903년 4월 11일

대지를 찍은 사진을 함께 보냅니다. 1,200강(1강=7×7피트, 1피트=30.48cm)이나 되는 정원은 전망도 좋고 아름다운 나무와 관목이 많답니다. 이제 제가 산 땅에 살고 있으니 쫓겨날 염려는 없습니다. …… 이 순간에도 궁중에서는 별의별 싸움이 벌어지고 있는데도 고종 즉위 40주년 기념식을 거행하려 합니다. 그 일을 위해 믿을 수 없을 만큼 많은 돈을 쓸데없이 쓰고 있습니다. 가든 파티를 하려고 텅빈 모래 언덕에 큼지막한 정원을 조성하고 있답니다. 이 공사가 끝날 무렵에야 아름답게 설계된 고성(古城)의 정원에서 축제를 할 수 있다는 생각이 떠오를지도 모르지요. 어쨌든 수십 년간 방치해 허물어진 고궁 공원을 고치려고 다시 거액을 쏟아부으려는 모양입니다. 외국 공사들이 축제에 오리라 기대하고 항구 근처에 있는 섬에다 축포대(祝砲臺)를 설치해 예포(禮砲)도 쏠 것입니다. 또 누군가가 외국 배가 오면 배를 타고 나가 맞아야 한다고 말했는지 졸지에 해군을 창설하느라 제가 일전에 말씀드린 일본 배를 사게 될 것입니다. 그런데 돈이 없어 빚을 질 수밖에 없답니다. 그 외에도 각국 공사를 맞이하는 의전 순서가 매우 까다로워 정부는 축제를 연기하는 것보다 더 나은 길이 없었나 봅니다. 가을에는 콜레라 때문에 연기한다고 하더니, 이번에는 나이가

고종 황제는 1897년 러시아 공사관에서 경운궁으로 환궁한 뒤 대대적인 궁궐 증축 공사를 벌였다.

제일 어린 황자가 천연두를 앓는다는 이유를 댔습니다. 그런데 저는 그 황자를 한 번도 못 보았답니다. ……

## 사랑하는 아버님

### 서울 1903년 5월 6일

⋯⋯ 이 편지는 여기서 시베리아를 통해 유럽으로 수송되는 첫 우편물 가운데 하나일 것입니다. 우편물이 유럽에서 한국으로 오는 길은 열려 있지 않지만, 서울에 있는 우정국장이 얼마 전에 시베리아 철도와 우편조약을 체결해 반대 방향으로는 가능합니다. ⋯⋯ 한국에 몇 가지 사건이 또 생겼습니다. 이런 상황이라 어느 날 저녁에는 다음 날 아침이면 피살되어 있을 것 같은 불길한 생각이 들 정도였습니다. 다행스럽게도 모든 일이 잠잠해졌습니다.

진료와는 상관 없는 사교적인 일들 때문에 무척 바빴습니다. 분별 있고 진지한 일은 못 하고 진짜 사교가가 돼가는 것 같습니다. 두 가지 시리즈로 나온 우표를 동봉합니다. 만일 도난당하지 않고 잘 도착한다면 다음번에는 더 많이 보내드리겠습니다. 우표는 물론 제가 산 것이며 우편국에서 특별히 소인을 찍어준 것입니다. 한 시리즈에 4달러 16센트, 즉 8마르크 32페니히입니다.

## 사랑하는 부모님

**서울 1903년 5월 31일**

　…… 5월 9일에 승마용 말 세 필과 짐 싣는 말 여섯 필을 끌고 우리는 오지로 떠났습니다. 날씨는 아주 화창하여 그야말로 봄날이었습니다. 독일 금광이 있는 곳까지 가는 마이어 상사 직원 바우만(Baumann) 씨, 벨츠 교수와 함께 떠났습니다.

　처음 며칠은 좀 힘들었습니다. 일상적으로 말을 타보지 않은 사람이 하루에 9~10시간 동안 안장 위에 앉아 있기란 다소 힘든 일이지요. 하지만 점차 승마에 익숙해졌답니다. 때로는 1~2km 정도 무리에서 떨어져 사냥을 즐기면서 갔습니다. 저녁식사용으로 꿩 같은 것을 잡으려고 했지만 매우 피곤하고 쓸 만한 들짐승도 보이지 않아 곧 포기해버렸습니다. 그 대신 엽총으로 마을 지붕 위에 앉아 있던 닭 한 마리를 쏘아 그것으로 점심을 해먹었답니다. 물론 나중에 닭값으로 30전을 냈습니다.

　한옥에서 튀어나온 처마 밑에 있는 마룻바닥은 우리식으로 하면 베란다라고 할 수 있습니다. 우리는 때때로 그 베란다 위에서 노숙하거나 한국 사람 집에서 자기도 했는데, 벌레가 상당히 많았습니다. 이, 빈대, 벼룩, 바퀴벌레 따위가 우리 주위를 돌아다녔습니다. 그리고 장판을 바른 온돌방이 저녁에 지핀 아궁이의 불 때문에 아침쯤 되어 뜨거워져 밤새 불쾌했습니다.

　그러나 정말 피곤하면 어디에서나 자게 마련이죠. 나흘째 되는 날 우리는 독일 금광에 도착했습니다. 전날 밤에는 비가 장대같이 쏟아져 산골짜

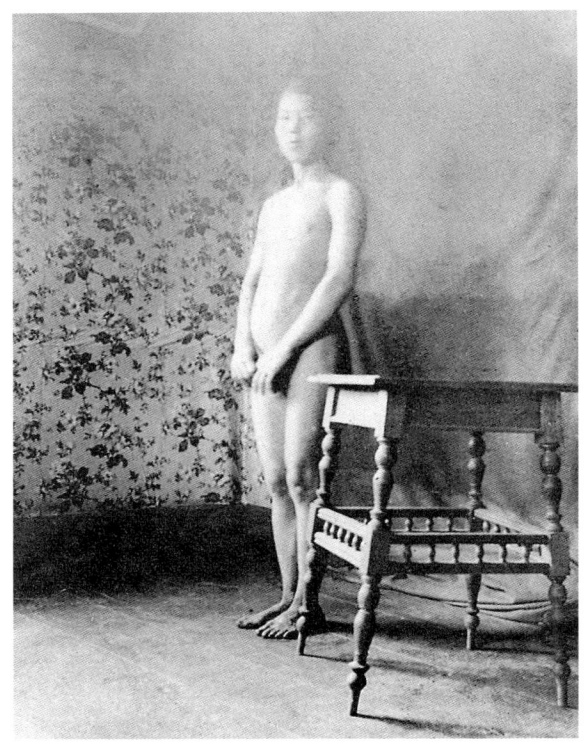

분쉬 박사가 강원도 동고개에서 인류학 조사를 할 때 찍은 한국인의 모습(1903)

기 물이 차켄(Zacken)과 켐니츠(Kemnitz)[31] 강만큼이나 불어났고 강줄기 몇 개는 고향에 있는 보버(Bober) 강만큼이나 불어났답니다. 날씨가 쾌청해 강바닥의 자갈이 보일 정도가 되면 말들은 물이 배까지 차는데도 겁없이 뛰어들어 건너간답니다. 말 탄 사람의 다리도 그만큼 젖게 됩니다. 금광 가까이 가니 사금을 씻을 때 섞여 나오는 진흙 때문에 강물이 탁해져 강바닥이 전혀 보이지 않았습니다. 그러자 한국인 마부들이 더 이상 가려

---

31) 독일 오더 강의 지류로 슐레지엔 지방을 흐르는 작은 강 — 옮긴이

고 하지 않았습니다. 마지막 건널목 두 군데에서는 말 등에 앉아서 강을 건널 엄두도 내지 못했습니다. 하는 수 없이 우리 일행은 물이 허리까지 차는데도 걸어서 건너갔는데, 비가 계속 내려 어차피 몸은 젖게 마련이었습니다. 하지만 동고개에서 따뜻한 옷으로 갈아입고 온수로 목욕을 하고 좋은 것을 먹고 마시면서 광산 기사들과 유쾌하게 어울려 여행으로 생긴 피로를 곧 씻을 수 있었답니다.

거기서 벨츠 교수와 저는 사흘간 머물며 광산에서 일하는 일꾼을 상대로 인류학 연구조사를 하고 사진도 많이 찍었습니다. 곰과 표범 사냥을 하려고 했으나 가파른 산마루를 넘을 수 없을 정도로 비가 다시 심하게 내려 포기할 수밖에 없었습니다. 우리가 동고개를 떠난 이틀 뒤에 기사들이 표범을 한 마리 잡았습니다. 그 사이에 벨츠 교수와 저만 금강산 동북쪽으로 계속 들어갔습니다. 금강산은 높은 산맥으로 곳에 따라서는 원시림으로 덮여 있습니다. 이 산속 깊은 협곡에 오래된 절이 있는데 우리는 이 절에 가려고 한 것입니다. 이곳으로 가는 동안 눈 쌓인 봉우리를 몇 개씩 넘어야 했습니다.

눈이 수미터나 쌓인 길을 다섯 시간이나 걸어간 적도 있습니다. 말을 타고 올라갈 수 있는 마지막 절에서 스님에게 말을 맡겨두었습니다. 완전히 금욕과 무위로 시간을 보내는 절 생활이며, 눈과 바람으로 황량해진 오래된 떡갈나무 숲이며, 측백나무, 석남(石南)으로 빽빽하게 둘러싸인 숲이 마음에 들었습니다. 이곳에서는 완전히 금욕생활을 합니다. 여기서는 술 창고도 없고 육식도 할 수 없습니다. 그뤼츠너(Eduard Grützner)의 그림에서 볼 수 있듯이 우리나라의 수도사들이 한국 승려들보다 훨씬 더 세속적인 것 같습니다. 따오기, 학, 오리, 독수리, 백조 같은 다양한 조류 외에는 들짐승이 보이지 않았습니다. 800미터 높이의 멋스러운 산 계곡 외진 곳에 자리한 널따란 절을 찾아온 독일인 방문객은 《쾰른 신문》의 통신원이자 여행가인 겐테(Genthe) 박사뿐이었습니다. 그는 우리와 비슷한 경로

강원도 동고개에서 독일 광산기사들이 잡은 표범의 박제(1903)

로 여행했으며, 1901년 겨울에 《쾰른 신문》에다 여행소감을 기고했다고 합니다. 그 기사가 실린 신문을 구하실 수 있으면 한번 읽어보십시오. 아버님께서도 《쾰른 신문》과 《극동아시아 로이드》를 가끔 보시라고 권하고 싶습니다. 이곳에서 일어나는 사건을 언제나 비교적 상세하게 다룬 기사를 읽으실 수 있답니다. 제가 여기서 무엇을 하고 있는지도 가끔 나올 것입니다. 예를 들면 바이에른의 게오르크 황태자와 함께 북한산으로 소풍을 갔다거나 러시아 차르의 특사인 베베르 각하한테서 병원기금으로 4,000엔을 기부받았다는 기사 따위 말이지요.

여행길에 우리는 요리사와 통역관을 데리고 갔고 필요한 식료품도 가지고 갔습니다. 그런데 빵을 너무 적게 가져가 요리사가 빵을 구울 때까지 마냥 기다리고 앉아 있을 수는 없었습니다. 마지막 며칠간은 빵이 없어 밥과 통조림만으로 살았습니다. 인종학적·인류학적인 측면에서 여행은 매우 흥미로웠습니다. 저는 나침반과 기압계를 이용하여 우리가 걸었던 거리를 계산해 여행다녀온 지역의 도로 지도를 만들었는데, 아마 출판이 될 것입니다. 벨츠 교수가 이번 여행에 관한 글을 쓰긴 할 텐데 어디에 게재할지는 잘 모르겠습니다. 아무튼 부모님께 그분의 기행문 1부를 보내드리도록 노력하겠습니다. 저와 친분이 대단히 두터웠던 바이페르트 영사가 서울을 떠나고 잘더른이라는 전 태국 공사가 부임해왔는데, 그는 몹시 외로워하며 날마다 저를 아침·저녁 식사에 초대한답니다. 저는 공원같이 넓은 정원 한가운데 있는 아름다운 제 집에 틀어박혀 손님을 맞는 게 더 좋습니다. 지금은 벨츠 교수가 저한테 와 있지만 며칠 후에 그가 북쪽지방으로 여행을 떠나버리면 상해에서 건축가로 활약하고 있는 드 랄랑드(de Lalande) 씨가 올 것입니다. 집안을 찍은 사진을 보내드리겠습니다.[32]

---

32) 이 편지는 1903년 7월 1일자 《쾰른 신문》에 실렸다.

## 날짜 미상

저는 지금 큼지막한 집과 널따란 정원까지 갖고 있으며, 여인을 먹여 살릴 만큼 돈도 벌고 있습니다. 그런데 밥통은 굴러떨어졌지만, 숟가락이 없는 격이죠. 여기는 결혼할 연령의 여인이 없어 어쩔 수 없습니다. 하마터면 저는 악장의 따님과 약혼할 뻔했답니다. 미련이 없진 않지만 사려 깊은 저로서는 약혼을 할 수 없었습니다. 저는 그 여인을 대단히 좋아하여 한 달에 200마르크를 주고 무료주택에다 사무실을 따로 주는 일자리를 궁중에서 구해주기까지 했습니다. 이 아가씨는 아주 똑똑하고 알뜰할 뿐 아니라 일본어, 한국어, 영어, 프랑스어, 독일어를 유창하게 하는 데다 피아노도 잘 치는 등 다재다능하답니다.

그러나 이 여인은 제가 수행하고 있는 대외적인 직책으로 보아 제 아내가 될 수 없다고 생각했습니다. 1년 반 뒤에 계약을 갱신할 수 있다면 휴가를 얻어 시베리아 철도편으로 빨리 귀국하여 신부감을 직접 알아볼까 합니다. 어머님, 아버님은 그동안 며느리감을 물색하여 제가 갈 때까지 잘 붙잡아두십시오. 저와 결혼할 여인은 영어와 프랑스어를 할 줄 알아야 하고, 악기도 다룰 줄 알아야 하지만 요리할 줄 알아야 하는 건 아닙니다. 중국인 요리사를 데리고 있으니까요. 다만 청구서와 가계부만 정리하면 됩니다. 일은 하인이 한다 해도 감독은 할 수 있어야겠지요.

제가 히르슈베르크의 지방사령부에서 맡은 직책에서 해임된다는 것은 물론 온당하지 못한 처사입니다. 이 일을 공사에게 말했더니 공사가 베를린에 있는 외무성에 보고하겠다고 했습니다. 그는 저에게 "고향에서 누릴 수 있는 진급조건을 왜 잃어야 한단 말이오? 당신은 독일의 이해관계로 이곳에 와 있는데"라고 옳게 지적했습니다.

저는 적어도 예비 군의관이 되면 좋겠습니다. 그리고 나서 퇴역하든지 하겠지만 그 전에는 그러고 싶지 않습니다. 이 편지가 어머님, 아버님이 평안하신 가운데 배달되기를 빕니다. 멋지게 나온 부모님 사진 한 장 보내주십시오.

### 서울 1903년 8월 3일

며칠 전에 독일 전함이 다시 이곳에 들어왔습니다. 이 전함의 제독 바우디신(Baudissin)[33] 백작이 한국 구경을 하려고 가이슬러 제독의 부인과 다른 부인 두 명을 데리고 한자호[34]를 타고 교주에서 온 것입니다. 제 새 집에 한자호의 몇몇 장교들, 즉 참모기사와 히르슈베르크 근교의 그루나우(Grunau)에서 온 호프만 소령이 찾아와 아침식사를 같이해 무척 기뻤답니다. 오후에는 제독, 사령관, 일등장교, 우리 공사에게 차 대접을 했는데 아주 흐뭇한 한때였습니다. 이런 손님 접대에 안주인이 없어서 아쉬울 따름입니다. 독일 여인으로서는 상당한 지위를 누릴 수 있을 텐데 말입니다.

지난주에 약혼할 뻔했답니다. 그런 유혹이 다시는 없기를 바랄 뿐입니다. 그렇게 되면 사교생활을 반쯤 포기해야 하고 어쨌든 현재 차지하고 있는 위치가 불안해질 수 있으니까요. 의사가 사교계에서 누리는 지위가 수입에 중대한 영향을 미치기도 하므로 여러 측면에서 고려할 때 결혼이 능사는 아닌 것 같습니다. 만약 마음속 욕구대로 했다면 아름답고 마음씨 좋은 그 아가씨와 결혼했겠지요.

오늘이 제 생일입니다. 에케르트 씨 가족 모두가 아침 일찍 축하해주러 찾아왔습니다. 슐레지엔식 고명을 얹은 케이크를 구워주는 등 저를 위해 흡족한 생일식탁을 마련해주었답니다. ……

---

33) Ernst Urlich Baudissin(1855~1916): 대순양함 한자호의 사령관
34) 6,705톤, 18.7노트의 대순양함. 1898년에 진수한 뒤 장교 31명과 승무원 446명을 태우고 1906년까지 외국에 머물렀으며, 1909년에 해군 사관생도의 실습선이 되었다.

7월에는 독일 금광이 있는 동고개에서 기사 케겔(Kegel) 씨가 찾아와 제 집에 3주 동안 머물렀습니다. 시베리아 철도편으로 몇 자 써서 보냅니다. 오래지 않아 기차를 타면 여기서 베를린까지 보름밖에 안 걸릴 것입니다. ……

## 사랑하는 어머님

**서울 1903년 9월 11일**

　어머님 생신을 멀리서나마 진심으로 축하드리며 항상 건강하시고 좋은 일이 있기를 바랍니다. ……
　제 서류가방에 피르호(Virchow)[35] 씨의 사진이 있을 테니 보내주시면 고맙겠습니다. ……
　또 토지를 사들였는데 거기다가 작은 병원을 세우고 싶습니다. 지난달처럼 병원이 잘된다면 외국인을 위한 개인진료소를 차리는 일도 생각해볼 만합니다. 이곳의 교통이 점점 복잡해져 매입한 토지는 생각했던 대로 아주 유리한 장소입니다. 빠른 시일 안에 대지 뒤편을 따라 전찻길이 놓일 것이며, 지금 건설중인 서울-의주 구간의 정거장도 가까운 곳에 생기게 됩니다. 또 나중에는 의주에서 바로 시베리아 철도로 연결되며, 여기서 기차를 타면 베를린까지 16~18일이면 닿을 수 있습니다.
　당분간은 일본과 러시아 사이에 쉽게 전쟁이 날 것 같진 않습니다. 러시아가 전쟁을 시작할 마음이 없는 한 일본도 쉽사리 전쟁을 시작할 수 없을 것입니다. 일본이 영국의 도움과 호의를 잃어버리면 틀림없이 불리해질 테니까요. 그러나 러시아와 일본 사이에 긴장이 계속되는 것으로 보아 언젠가 한번 충돌이 있을 것 같습니다. 다만 전쟁터가 어디가 될지는 모르겠

---

[35] Rudolf Virchow(1821~1902): 병리해부학 교수. 세포병리학 이론가로 위생법과 사회보건 관리에 큰 영향을 미쳤다.

습니다. 아마 서울과 그 주변은 아닐 것 같습니다.

예비역에서 벗어나는 일 때문에 공사와 얘기를 나눴습니다. 공사가 이 일을 직접 맡아 재상에게 보고서를 부쳤습니다. 이 보고서는 물론 비밀문서이므로 히르슈베르크 지방사령부에서 이 사실을 알아서는 안 됩니다. 지난번에 제출했던 병역 보류 신청서를 지방사령부에 다시 보냈습니다.

한 가지 고민이 있다면 아직 결혼을 못했다는 것인데, 그다지 외롭지는 않습니다. 새로 부임한 공사와도 뜻이 잘 맞긴 하지만 바이페르트 영사와 나눈 우정이 새삼 그립습니다. 영사와 그랬던 것처럼 순수하게 인간적이고 우애적인 관계는 아니라서요. 지금 파리의 국제중재재판소에서 일본의 토지세 문제를 다루고 있는데, 바이페르트 씨가 독일 대표로 잠시 파리에 머물고 있어 서신연락을 하고 있습니다. 그가 나중에 다시 동양으로 부임했으면 좋겠습니다. 역사가 파멸하는 위기에 처하거나 한국이 지도에서 사라져버린다 해도 그가 주선해준다면 다시 적당한 일자리를 찾을 수 있을 겁니다.

요사이는 이곳에 계속 정착할 생각도 하며, 홍콩이나 상해에 있는 독일 병원이 잘되듯이, 제 병원 문제도 하늘이 도와 잘 풀리기를 바라고 있습니다. 이 문제가 최종적으로 해결되기 전에 결혼 상대를 데리러 고향에 가보도록 하겠습니다. 얼마 전에는 파니(Fanny, 분쉬 박사의 여자형제)가 여기 와서 집안 일을 좀 도와주었으면 하는 생각도 들어 파니에게 편지를 썼는데, 파니가 돌보던 환자를 떠나올 수 있을지 궁금합니다. 루퍼(Ruffer) 양을 간호하는 일이 그렇게 오래 걸릴지 모르고 권유한 건데, 지금 생각하니 파니에게 미안합니다. 파니는 약속을 지키는 아이니 거기를 떠나는 일은 거의 불가능할지도 모릅니다. 빨래를 해주는 프랑스인 간호원들과 요리사, 집안 하인, 정원사, 사환 등 잡역부가 있으니 파니가 이곳에 오면 집주인 역할만 하면 될 텐데……

이 편지를 시베리아 철도편으로 보내려고 합니다. 그러려면 포트 아르투르에 있는 아는 사람에게 편지를 보내, 거기서 러시아 우표를 붙여 보내달라고 부탁해야 합니다. 오늘 걱정스러운 소식을 들었는데 폭우와 홍수로 시베리아 철도가 하얼빈에서 두절되었다는 것입니다. 아시아에서는 여름에 비가 굉장히 많이 오며 장마도 다른 곳보다 두 배나 깁니다. 슐레지엔 지방에 홍수가 났다는 기사를 신문에서 읽었습니다. 제가 《뮌헨일보(Münchener Allgemeine)》, 《북독일신문》, 《십자보(Kreuzzeitung)》, 《프랑크푸르터 차이퉁》 들을 받아보고 있다면 놀라시겠지요. 우리 공사한테서 이 신문들을 정기적으로 받고 있답니다. ……

히르슈베르크에 있는 친구들 소식을 때때로 듣고 있습니다. 홍콩에 있는 밀러(Müller) 박사와 저는 환자의 진료 문제에 관해 교신하고 있습니다. 프랑스 선교사들이 그곳에서 요양원을 운영하고 있는데, 저는 가끔 신부 한 분을 거기로 보냅니다. 드 랄랑드 씨는 요코하마에 있는 셀 앤 베커(Sell & Becker) 상사를 인수했는데 절 찾아와주겠다고 약속했습니다. 상해에 있는 크리크 씨는 잘 지내고 있답니다. 크리크 씨를 통해 제물포에 잠시 머물고 있는 볼터 씨의 처가인 조너던(Jonathan)[36] 씨 댁에 관한 소식을 들었습니다. 볼터 씨는 지금 제물포에 잠시 머물고 있답니다.

어머니도 이곳 극동에 히르슈베르크 출신이 많다는 것을 알고 계시지요. 우리는 비록 히르슈베르크에서 나폴리 정도 떨어져 있지만, 어디에 살고 있는지 잘 알고 가끔 서로 방문도 한답니다.

아버님께 한 가지 부탁이 있습니다. 집에 국어사전이 두 권 있을 줄 압니다. 한 권을 제게 보내주시면 비용을 보내드리지요. 외국에서는 참고할 사전류가 퍽 긴요합니다. 지금은 한국인들이 공적으로나 사적으로 이것저것 물어와도 찾아볼 도리가 없습니다. 세상에서 사전이 꼭 필요하고 의미 있는 곳이 있다면 바로 이곳입니다.

---

[36] 상해에 와 있던 영국인 사업가

## 사랑하는 부모님

**서울 1903년 10월 7일**

　방금 8월 18일자 편지 감사히 받아보았습니다. 로멜 씨가 편지를 한 통 보냈는데, 그는 제가 독일로 돌아오기를 바라고 있습니다. 그렇게 하려고 합니다. 외국인을 적대시하는 분위기가 확산되고 있고, 전쟁과 혁명이 일어날 것이라는 소문도 날마다 들리는 등 전반적으로 불안한 상황입니다. 게다가 몸상태마저 좋지 않았습니다.
　제 결혼문제를 어떻게 생각하는지 파니에게 물어볼 생각입니다. 파니가 어떤 대답을 할지 궁금하네요.
　바이페르트 박사가 떠난 뒤로는 매우 외롭습니다. 우리 공사는 저를 아껴주고, 저를 고상하게 상종할 만한 유일한 독일 사람이라고 생각하고 있답니다. 제가 앓아 누워 있을 때에는 거의 매일 찾아와 차도가 있는지 물어보곤 했습니다. 지금 이 나라에 잠시 머물고 있는, 전 주지사의 아들인 트라헨부르크 하츠펠트(Trachenburg Hatzfeld) 백작을 종종 데리고 찾아오기도 합니다. 그러나 우리는 관심사가 서로 일치하지 않습니다. 그는 승마와 여자와 개에 관심이 있으며, 사냥이나 스포츠에 필요한 시간과 돈도 충분히 가지고 있습니다. 제가 관심 있는 것은 돈이 많이 들지 않는 수수한 정신적인 분야입니다. 저는 토지를 사는 데 돈을 투자하고 있습니다. 부지가 반반하고 도로에 접해 있으며, 제법 쓸 만한 건물들이 대지 가까이에 있습니다. 대지를 에워쌀 담을 쌓을까 합니다. 어떤 전문가 말씀이 제 부지가 성 밖에서는 제일 크고 가장 아름다운 개인소유지[37]라고 합니다.

볼터 씨는 토지 투기를 하려고 그 땅을 사고 싶어합니다. 하지만 저는 그곳에서 살려고 합니다. 그리고 예기치 못한 일이 생기면 그 땅을 독일 공사관에 맡겨 관리하게 하려고 합니다.

### 서울 1903년 10월 14일

내일 저녁에는 이탈리아 공사관에서 만찬이 열리는데 제가 주빈격이랍니다. 지난해에 티푸스가 유행했을 때 제가 한 일로 이탈리아 국왕이 마우리티우스와 라차루스 종단(宗團)의 훈장을 수여한 적도 있습니다. 훈장을 보아하니 백과사전에서 본듯 것 같았지만 연미복에는 썩 잘 어울립니다. 새로 부임한 이탈리아 공사가 이곳에 오자마자 티푸스에 걸렸는데 제가 치료하여 다 낫자 저에게 훈장을 준 것이 그가 부임한 뒤 수행한 첫 번째 공무였습니다. …… 지난주까지는 전쟁이 날지 모른다는 불안감이 사그라들지 않았는데 다행히 진정되고 있는 것 같습니다. 그렇지만 일본과 러시아의 관계는 앞으로도 순탄치 못할 것입니다. 돌아오는 봄에 무슨 일이 일어날지 궁금합니다.

### 서울 1903년 10월 29일

신문에 난 한국 황후에 대한 기사는 사실과 다릅니다. 브라운(Brown)이라는 선교사는 한국에 없습니다. 1895년 황후가 살해된 뒤로 한국 황제는

---

37) 벨츠 교수의 아들인 토쿠 벨츠(Toku Bälz)가 출판한 《에르빈 벨츠(Erwin Bälz)에 대한 회상》이란 책에는 이렇게 씌어 있다. "(분쉬 박사의) 집은 고성의 하나로 도심에서 멀리 떨어진 언덕 위에 있어 서울을 한눈에 내려다볼 수 있다."

궁중에 거느리고 있는 한국 여인과 결혼한 것과 마찬가지 생활을 하고 있습니다. 외국인이 궁중에 영향을 미친다는 건 얼토당토 않습니다. 오히려 궁중에서는 유럽 문화를 멀리합니다. 전에는 몇몇 황자들이 외국어 교육을 받았지만 지금은 환관들이 모든 외국어 강습과 개화운동을 못하게 하고 있습니다.

…… 한국 정부와 군부가 제 역할을 거의 못하고 있어 머지않아 이 나라는 일본이나 러시아의 침략을 받게 될 것입니다. 오늘은 이곳에 있는 일본인 우정국장을 통해 한국에서도 시베리아를 경유하여 우편물을 보내는 업무가 가능하다는 소식을 들었습니다. 상해에 러시아 우편국이 있어 크리크 씨의 아들들은 벌써 오래 전부터 상해에서 이 방법으로 편지를 보내고 있다고 합니다. 송금에 관해서 알려드리겠습니다. 저는 여기서 미국, 영국, 바이에른으로 송금해본 적이 있는데 모두 차질없이 도착했습니다. 드랄랑드 씨 아버지를 난감하게 만드는 히르슈베르크의 우체국 직원들은 능력이 부족한가 봅니다. 여기서는 일본인과 한국인들이 우편 업무를 맡아 봅니다.

제 개인진료소 일은 조금씩 나아지고 있습니다. 어떤 달은 수입이 좋아서 봉급에는 손댈 필요가 없을 정도랍니다. 요즈음 광산기사 케겔 씨가 제 집에서 지내고 있는데, 그가 땅을 측량해주면 제 땅이 얼마나 되는지 알려드리겠습니다. ……

### 서울 1903년 12월 31일

11월 2일에 보내주신 편지 감사히 받았습니다. 신발도 도착했습니다. 구해주셔서 고맙습니다. 바로 그 회사 신발 중에 에나멜 구두는 전에 주문한 것보다 질이 훨씬 떨어져 신을 수가 없습니다. 만일 독일 상인들이 외국에 있는 모든 고객에게 제게 보내준 것처럼 무성의하게 만든 상품을 보내다면, 그 회사가 장사를 망친다 해도 놀라울 게 없습니다. 외국에도 최고급 상품이 많으므로 질 나쁜 물건을 가지고 경쟁할 수 있다고 생각해서는 안 됩니다. 게다가 미국은 외국에서 시장을 확보하려고 필사적으로 노력하고 있답니다.

한국 미술품에 관해 크리크 노인이 물어보신 것에 답변을 드리겠습니다. 아버지께서 그분에게 서울은 상해나 광동(廣東)이나 홍콩과 다르다는 점을 잘 일러주십시오. 견직물 산업은 중국이 본고장이라 여기서 살 수 있는 비단은 질이 떨어지는 상품입니다. 한국인들에게는 고급품이 팔리지 않으니까요. 한국에 새로운 공예품이란 것은 없습니다. 120년 전에는 한국인들도 활발히 만들었으나 지금은 몰락하고 있습니다. 가구며 무덤에서 도굴한 오래된 도자기나 은을 입힌 철제품이 엄청난 가격에 팔리고 있습니다. 일본이나 중국 남부에 갈 기회가 생기면 기꺼이 몇 점 보내드리겠습니다. 하지만 지금 한국에서 팔려고 내놓은 물건이란 가정에서 쓰는 일용품들이 대부분인 데다 지금 같은 겨울에는 고양이, 여우, 오소리 가죽 같은 것뿐입니다. 그런데 이런 상품을 고향에서 부르는 비싼 값으로 유럽인들에게 팔려고 합니다.

전쟁이 눈앞에 다가온 것 같습니다. 한국에서 일본 화폐의 가치가 떨어지고, 투기에 쓰일 곡물이 다량 수입되고 있습니다. 신문은 온통 호전적인 붉은 색 구호로 뒤덮여 있고, 사람들은 언제 총성이 나나 기다리는 중입니다. 서울에서도 이러한 현상이 나타나기 시작하면 제가 어떻게 대처해야 할지는 명백합니다.[38] 한국 정부는 틀림없이 우매한 짓을 한 뒤 황제를 보

---

[38] 전쟁이 일어날 것이라는 소문이 무성하자 분쉬 박사는 앞날을 심사숙고하면서 아버지에게 한지(閑地)의 의사직에 관한 서류를 보내달라고 부탁했다. 박사가 한국으로 떠나오기 직전까지 이를 위한 시험에 응시하려고 준비했던 것인데, 시험 기한을 늦출 수 있는지 보사부에 문의하려고 한 것이다.

호하려고 러시아에 군대를 요청할 것입니다. 일본은 이미 서너 개 중대를 이곳에 주둔시켜놓았고, 일본인 거주지에 살고 있는 4,000여 명 가운데는 예비병도 많이 있습니다.

  섣달 그믐날엔 집에서 혼자 지내고 싶습니다. 코감기가 심해 밖에 나가고 싶지 않거든요.


**서울 1904년 1월 5일**

  편지에 수표를 한 장 동봉하오니 필요한 데 쓰시기 바랍니다. 개업의로서 일하며 미국인 의사나 영국인 의사들과 공존하려면 일정한 지출을 감행해야 합니다. 이들은 병원에서 가장 높은 자리에 앉아 있기 때문에 무력한 황제의 시의라는 지위를 가진 저와는 배경이 천양지차랍니다. 개업의로 활동하는 한 그들에게 호의를 표시해야 합니다. 그렇지 않으면 모든 것이 어그러지고 맙니다.

  전쟁이 임박했다는 느낌이 강하게 듭니다. 일본과 러시아는 해상에서 서로 대치하고 있습니다. 일본은 한국에 탄약과 군량미를 잔뜩 실어다놓았습니다. 제물포항은 전함으로 빽빽합니다. 영국, 미국, 러시아, 일본의 전함들입니다. 독일은 그다지 서두르고 있지는 않습니다. 미국인들은 오늘 벌써 호위병 40명을 전차회사의 본사에 투입했고, 영국인들은 자기네 공사관을 지킬 보초를 배 위에다 대기해놓았습니다. 우리나라 사람들도 아마 며칠 안에 교주에서 배를 한 척 보내올 것입니다. 바로 오늘 청도에서 제독이 경질되었습니다. 가이슬러 제독이 떠나고 프리트비츠(Prittwitz)[39] 제독이 그 자리를 대신할 것입니다. 에케르트 양에게 커다란 독일 국기를 손수

---

39) Curt von und Gaffron Prittwitz(1849~1922): 순양함 대장을 맡은 제독

1900년대 초반 광화문 앞거리 풍경

우뚝 솟은 산봉우리들 아래로 나지막한 초가가 꽉 들어찬 1900년대 초반 서울시 풍경

만들어달라고 부탁했으니, 필요하면 국기를 꺼내 걸 수 있을 겁니다.

  일본 군대는 비밀리에 1,600명이나 되는 군인을 도시에 주둔시키고 있습니다. 그들은 만일 일이 터지면 즉각 대처하려고 평상복을 입은 노동자처럼 시내를 배회하고 있습니다. 사람들은 서울이 사건의 현장이 되리라고 생각하지는 않습니다. 오히려 주요 사태가 해상에서 일어날 것이라고 수군대고 있습니다. 서울 시내에서는 보통 때보다 도난사건이 훨씬 늘어나 저도 정원에다 개를 다섯 마리 풀어놓았더니 누가 나타나면 바로 짖어대며 야단법석을 떱니다.

  이 편지에 서울시가 담긴 사진을 동봉합니다. 보시면 주변 풍치가 어떤지 대강 알 수 있을 겁니다. 서울과 한국은 다음주면 신문에 자주 오르내릴 것입니다. 그래도 바다와 아주 가까우니 북경(北京)에서 일어난 것과 비슷한 사건이 생길까봐 염려하시지 않아도 됩니다. 그런 일은 없겠지만, 만약 일본인의 손에 들어가 있는 철도가 폐쇄될 경우 제물포에서 6시간 정도 걸어오면 서울에 닿을 수 있습니다.

  오늘 아침에 해상전이 있다는 소문이 이미 나돌았으나 사실이 아니었습니다. 전쟁을 시작한 두 나라 가운데 어느 한쪽이 승리할 경우 한국 정부는 어떻게 될지, 그리고 그들이 고용한 외국인과 맺은 계약은 어떻게 처리할지 궁금합니다. 아마도 제 경우는 일본인들이 계약서에 명시된 전액을 지불하고 집으로 돌려보내는 것이 가장 좋은 방법이겠지요. 이런 상황이니 파니는 지금 올 수 없습니다. 오지 말라는 편지를 벌써 띄웠습니다. ……

## 서울 1904년 2월 4일

  어머니, 아버지께서도 신문에서 러시아와 일본 사이에 전쟁이 임박했고 사람들이 몹시 불안해한다는 기사를 종종 읽으셨을 줄 압니다. 이곳에서도 몇 달 내내 날마다 전쟁이 터지지 않을까 우려하며 지냈습니다. 요즈음에는 이런 상황에 익숙해져 아무도 그 일로 마음 졸이지 않는답니다.

다른 나라에서는 다들 공사관 수비대를 파견했는데 독일 공사관에만 아직 수비대가 오지 않았습니다. 시내를 활보하는 영국군, 러시아군, 일본군, 한국군, 프랑스군, 이탈리아군, 미군 등 각국의 군인들은 숙박업자와 상인들에게는 아주 좋은 고객이랍니다. 이 어수선한 때에 저는 천연두 혈청 만드는 일을 그만두었습니다. 외국인 장교들이 이곳에 주둔하면서 사교계가 활기를 조금 되찾았습니다. 음악과 연극에 관해 얘기를 나누고, 점심식사와 저녁식사가 준비되어 나옵니다. 사람들은 아무 걱정 없이 유쾌하게 지냅니다. 참 기이한 삶입니다. 개인진료소는 겨우겨우 꾸려가는데, 날씨가 좋아서인지 아픈 사람이 없습니다. ……

드 랄랑드 씨 소식을 오랫동안 듣지 못했습니다. 아마도 요코하마에 있는 회사에서 좋은 지위를 누리며 잘 지내겠지요. 어릴 때부터 외국에 나가 있으면 외국 생활에 잘 적응할 수 있습니다. 우리 공사와 자주 만나긴 하지만 바이페르트 박사처럼 서로 잘 통하는 사이는 아닙니다. ……

1월에 추위가 본격적으로 시작되어 일주일 동안 무려 영하 20도까지 내려갔었는데, 지금은 다소 누그러져서 아름다운 봄날을 떠올리며 즐거워하고 있습니다. 봄에는 정원을 완전히 바꾸고, 나무도 많이 옮겨심을 작정입니다.


**서울 1904년 2월 9일**

제물포항에서 벌어진 러시아와 일본의 야간전투에서 울려나오는 천둥 같은 대포 소리를 들으며 이 편지를 쓰고 있습니다. 어제부터 적대행위가 시작되었습니다. 일본 수송선이 3,000여 명의 군인을 태우고 전함 7척의 호위를 받으며 어제 오후 제물포에 도착했습니다. 그 전에 벌써 일본 전함 3척이 거기 와 있었고, 이탈리아 수송선 1척, 영국 수송선 2척, 프랑스 수송선 1척, 러시아 배 2척, 미국 수송선 1척이 정박해 있었습니다. 일본 함대가 나타나자 출항하던 러시아 수송선은 일본 배들이 추격해오는 바람에 항구로 되돌아와야 했습니다.

저녁에 일본군 보병 3,000명이 횃불을 밝힌 채 상륙했습니다. 그때 저는 독일 공사와 저녁식사를 하고 있었는데, 그 자리에는 일본 장성과 일본 영사, 일본 공사도 함께 있었습니다. 러시아 공사관 공의 부부와 서기관 부부도 자리를 같이했습니다. 모두들 전쟁이 임박했다는 사실을 알고 있었지만 분위기는 아주 쾌활했습니다. 물론 이미 시작된 러시아와 일본 간의 전쟁에 대해서 일본인 외에 아는 사람이 없었고, 러시아인은 더더욱 모르고 있었습니다. 이틀 전부터 전신이 두절되었으니까요. 오늘 낮 갑자기 멀리서 들려오던 대포 소리가 한 시간 동안 천지를 진동해 제물포에서 해상 전투가 크게 벌어졌다는 걸 짐작으로 알았죠.

방금 제물포에서 온 소식에 따르면, 러시아 전함 2척이 일본 전함 10척의 추격을 받아 항구 밖으로 밀려나게 되었답니다. 러시아 전함들은 밖으로 나와 꼬박 1시간 동안 일본 전함과 용감하게 총격전을 벌였으나 배가 크게 파손되어 항구로 되돌아왔으며, 그중 큰 배가 침몰하기 시작했다고 합니다. 러시아인들이 작은 전함을 스스로 폭파하는 사이에 승무원들은 항구에 정박해 있던 외국 선박으로 옮겨가 살아남았다고 합니다. 러시아 측은 사망자가 2명, 부상자가 40명인데, 일본군은 몇 명이나 전사했는지 아무도 모릅니다.

저녁 무렵에는 다시 평온해졌습니다. 오늘 오전에는 일본 보병 1,000여 명이 서울에 들어와 일본인 거주지에서 민박을 했답니다. 지금이 밤 9시인데 총격이 다시 시작되었습니다. 밖은 깜깜하고 별은 빛나고 날씨는 아주 차갑습니다. 이곳에서 불과 몇 마일 떨어진 곳에서 사람이 총탄에 맞거나 얼음같이 차가운 강물 속에서 인생을 끝마치고 있다고 생각하니 정말 끔찍합니다. 이따금 큰 폭음이 들리는 것으로 보아 충돌이 더욱 커졌음에 틀림없습니다.

제물포항의 언덕 위에 있으면 전황을 잘 살필 수 있기 때문에 오늘 낮에 기차를 타고 제물포로 가려고 했습니다. 그런데 우리 공사가 말렸습니다. 그의 말을 따르길 잘한 것 같습니다. 내일 아침 일찍 서울이 어떤 모습으로 변할지 궁금합니다. 만약 러시아군이 해상전투에서 이기면 상륙하여 서울로 올 것입니다. 그렇게 되면 시가전이 벌어지겠죠. 러시아인들은 일본인들의 움직임에 주의를 기울이지 않았음이 분명합니다. 주의를 기울였다면 그 같은 예상 밖의 일은 생길 수 없으니까요. 러시아 함대는 포트 아르투르에서 출발해 제물포항에 좀 늦게 도착해 접전했을 것입니다.

## 서울 1904년 2월 10일

오늘 전쟁터에서 좀더 확실한 소식이 왔습니다. 상당히 큰 러시아 전함이 어제 전투에서 파선되었는데 그 배가 바로 장갑순양함 '바리악(Wariak)호'였습니다. 작은 포함인 '코레츠(Koretz)호'는 거의 피해를 입지 않았다고 합니다. 일본군은 사망자가 한 명도 없었고 부상자가 약간 생긴 반면 러시아측은 30명이 전사하고 40명이 부상당했습니다. 그리고 전투에서 무사히 위험을 넘겨 항구에 정박중이던 러시아 상선들도 폭파되었습니다.

이곳 사람들은 모두가 평상시와 다름없이 생활하고 있고, 은행과 점포도 문을 열었습니다. 다만 물건 값이 모두 올랐습니다. 반면 일본인들이 거주하고 있는 지역의 거리는 아주 활기차며 집집마다 국기를 게양하고 군인들을 숙박시키고 있습니다. 한국인들은 여전히 무심하게 거리를 오가고 있으며 주위에서 무슨 일이 일어나고 있는지 정확히 모르고 있습니다.

궁중에서는 물론 굉장히 초조하고 불안해 전전긍긍하고 있습니다. 일본 공사는 제물포 전투가 끝난 즉시 황제를 알현하여 안심시키려 했습니다. 일본 공사는 적어도 일본 군인들이 보호하고 있는 한 황제에겐 아무 일도 일어나지 않을 것이라고 확언했습니다. 일본이 한국에서 권력을 어떻게 행사할지, 현재로서는 아무 말도 할 수 없습니다.

  일본 공사는 서울의 성문에 방을 붙여 백성에게 다음과 같은 사실을 알렸습니다. 내용인즉슨, 일본 군인들은 영국군이나 미군들과 아주 달리 모범적으로 행동할 것이므로 일본 군인들이 주둔한다고 해서 불안해할 필요가 없다는 것이었습니다. 길에서 일본 군인들을 몇 번 보았는데 항상 깨끗한 옷을 단정하게 입고 있었으며 침착하고 조용했습니다. 일본 공사의 말마따나 영국 군인이나 미군들은 그렇지 않다고 할 수 있습니다.

  이만 줄이고 나중에 더 자세히 쓰겠습니다. 다른 데와 전신연락도 안 되는 이 좁은 구석에서 사는 사람들보다 고향에서 이 모든 일에 관해 훨씬 더 신속하고 정확한 소식을 들으실 줄 압니다. 일본인들은 통신수단을 지니고 있어 자기네 소식을 도처에 알립니다. 우편업무는 여기 주둔하고 있는 외국 함대가 대행하고 있습니다. 청도에서 독일 수송선이 오면 좋겠습니다. 아버님께서 《리젠게비르게》 신문사에 중요하다고 생각하시는 기삿거리를 주셔도 괜찮겠지요. ……


### 서울 1904년 2월 14일

  요즘은 전쟁 때문에 시베리아로 보내는 편지가 배달되지 않습니다. 그러니 편지 봉투에 '나폴리 경유', '노르트도이치 로이드(Norddeutsche Lloyd)호 경유' 혹은 '미국 경유'라고 적어야 합니다. 부모님 소식을 마지막으로 받은 것은 지난 1월 초입니다. 그 사이에 보내신 것은 시베리아에 남아 있을 텐데, 독특하고 괴팍한 러시아 사람들 기질로 보아 한구석에 내팽개쳐져 있을 겁니다. 전쟁에 관한 제 개인적 의견을 공사의 주선으로 《쾰른 신문》에 한국발 통신기사로 보낼 생각입니다. 지금은 모든 일이 순조롭고 평온하며, 일본이 계속 승리하는 한 이런 상태가 유지될 것입니다. 하지만 러시아인들이 한국 본토로 들어온다면 문제가 달라지겠지요.

지금 제물포에 '부사르트(Bussard)'라는 전함이 정박해 있는데, 그 배에 탄 장교들이 가끔 서울로 옵니다. 클레어(Claer)[40]라는 소령도 왔는데, 공사와 저는 그와 함께 어울려 날마다 백마를 타고 승마를 즐긴답니다. 저는 서울에서 가장 날쌘 말을 갖고 있습니다. 이 말은 커다란 코사크말로 러시아 무관이자 코사크 육군대장이었던 사람의 것이었습니다. 게다가 저는 러시아 공사 부인의 멋진 백마를 집에서 키우고 있답니다. 러시아 공사는 이곳을 떠나야 하기 때문이지요. 《십자보》[41]에서 이에 관한 기사를 보실 수 있을 겁니다. 아버님께서는 제가 기사를 《리젠게비르게》로 송고하는 대신 《십자보》에 보내는 것은 좋지 않다고 말씀하시겠지만, 히르슈베르크의 몇몇 분들보다 《십자보》의 독자들이 저에 관한 기사를 읽는 게 제게는 훨씬 더 유리할 것입니다.

1월 초에 죽은 황제의 양모가 오늘 묻혔습니다. 깜깜한 새벽 5시에 횃불과 등불을 켜고 장례를 치렀는데 마치 그림에서나 볼 수 있는 광경이었답니다.

이 편지는 독일 전함편으로 배달될 것입니다.

---

40) Eberhard von Claer(1856~1945): 러일전쟁 때 서울에 와 있던 독일 소령
41) 이 편지에서 언급하고 있는 기사는 《십자보》에 실리지 않았다. 지금도 남아 있는 분쉬 박사의 엽서를 보면 알 수 있다.

## 서울 1904년 4월 9일

　최근에 쓴 편지들은 독일·프랑스·영국 전함편으로 부쳤습니다.
　저는 지금까지 탈없이 잘 지내고 있습니다. 러일전쟁으로 외국 통신원들이 오고 공사관을 보호하려는 외국 군인들도 많이 와 제 개인환자는 점차 늘고 있습니다. 2만 5000명이 넘는 일본 군인들이 계속해서 이곳을 지나 북쪽으로 이동하고 있는데, 벌써부터 러시아군과 소규모 충돌이 벌어지고 있다고 합니다. 일본이 상황을 면밀히 탐색했고 프러시아식 훈련을 받은 정예군을 가지고 있다 하더라도, 일본군이 거기서 패배하면 불안정한 시대로 접어들까 두렵습니다. 전쟁이 끝난 뒤에 어떻게 될지 전혀 알 수 없습니다. 만약 일본이 한국을 점령하게 되면 일본인 의사에게 제 자리를 내놓고 계약에 따라 기꺼이 해약할 준비가 되어 있음을 일본 정부에 이미 통보했습니다. 저는 다만 음모가 아닌 공명정대한 조치를 원하니까요. 이런 의향이 일본인들에게 솔직하다는 인상을 주었으며, 당분간은 저를 그대로 두겠다고 했습니다.
　미래를 조용히 관망하고 있습니다. 일본에 있는 벨츠 교수가 제게 관심을 많이 보여주면서 여기 일이 순조롭지 않으면 다른 자리를 얻도록 도와주겠다고 했습니다. 베를린에 있는 우리 정부에도 저를 좋게 얘기해주어 정부의 지지와 도움을 받을 수도 있습니다.
　클레어 소령은 루시 폰 루퍼(Lucie von Ruffer)[42]와 어릴 적부터 친구였답니다. 그리고 청년시절을 하이나우(Haynau)에서 보냈기 때문에 저와는 여러모로 관련된 것이 많습니다. 우리는 거의 날마다 말을 타고 산책 나가는데, 지난 두 주 동안은 일요일에 산으로 소풍을 갔답니다. 내일은 서울 동북쪽에 있는 산을 등반할 작정입니다.

---

42) Lucie von Ruffer(1869~1953):분쉬 박사의 여자형제인 파니(프란치스카의 애칭)의 친구

## 서울 1904년 4월 15일

…… 덕분에 저는 건강하며, 지금까지 보낸 제 편지로 알고 계시듯이, 이곳은 그럭저럭 질서가 잡혀 평온합니다.

지난번에 말씀드린 적 있는 광산기사 케겔 씨는 고향으로 가지 않고 교주로 갔습니다. 크노헨하우어(Knochenhauer) 씨는 한때 이곳에 와 있던 사람인데, 상황을 아주 잘못 판단해 동고개에 금광을 갖고 있는 한독합자회사를 곤경에 처하게 만들었답니다. 그 광산은 3년여 동안 운영되다가 아시다시피 지난해 말에 폐광되었습니다.

어젯밤 이곳 상황은 조금 불안했습니다. 황궁이 몽땅 불에 타 내려앉았습니다. 그 건물은 목조건물인 데다 바람이 불자 웅장한 건물 덩어리가 온통 따닥따닥 소리를 내며 타올라 불바다가 돼버렸답니다. 황제는 일본군과 한국군의 보호를 받으며 이른바 도서관이라는 육중한 건물로 피신했습니다. 불은 어젯밤 9시 30분에 났습니다. 저는 그때 공사관에서 미국 광산이 있는 북부지방에서 서울로 피난온 미국 여인들과 유쾌하게 담소를 나누며 식사를 하고 있었는데, 공사의 이탈리아인 하인이 큰 불이 났다는 소식을 전해왔습니다. 그래서 모두들 집으로 달려갔으며, 공사와 무관, 어느 장교와 저는 화재 현장으로 달려갔습니다. 일본군과 한국군이 길을 통제하고 있어 아무도 지나갈 수 없었습니다. 그런데 그때 공사는 독일 공사관의 큼지막한 등불로 안내해주고, 저는 한자가 씌어진 커다란 지등(紙燈)으로 길을 비추면서 안내해주어 우리들의 지위가 그만큼 높다는 것을 보여주었기 때문에 우리가 가고자 하는 곳은 어디든지 갈 수 있었답니다. 그래서 우리는 궁전 가까이에 있는 언덕 위로 올라가 불타는 궁전을 자세히 바라보았습니다. 강풍이 몰아쳤지만 일본 소방대와 일본 군인, 미국 군인과 프랑스 수비대 들이 궁벽 안에서 불길을 잡으려 애썼습니다. 군인들은 불이 옮겨붙지 않도록 차단구역을 만들려고 긴 갈고리를 들고 엄청난 불길

고종 황제가 러시아 공사관으로 피신한 뒤 황량해진 1900년대 초반기 경복궁의 경회루(위)와 근정전(아래)

에 악마처럼 달라붙어 진화작업을 하고 있었습니다.

　화재로 피해가 어느 정도인지는 아직 알려지지 않았으며, 미술품과 귀금속이 얼마나 사라졌는지 아무도 모릅니다. 아무튼 귀금속 피해는 그다지 크지 않을 것입니다. 황제는 그런 것을 많이 지니고 있지 않으니까요. 일본으로서는 이 화재가 자기네들이 충성스럽고 배려심 있을 뿐더러 실질적으로도 유능하고 조직적인 능력도 있음을 자랑할 수 있는 절호의 기회였습니다. 어떻게 해서 불이 났는지 지금까지 아무도 모릅니다. 어쨌든 궁중 안에서 불이 나기 시작했는데, 그곳은 황제의 처소와 상당히 가까운 장소였습니다. ……

## 사랑하는 숄 양


**서울 1904년 4월 25일**

그것은 예기치 못한 기쁨이었습니다. 밖에는 때맞춰 따뜻한 봄비가 내리고, 진료소에는 환자가 별로 없었습니다. 저는 방에 앉아서 지난번 밀라노에서 온 편지 뒤로는 왜 답장이 안 오는 걸까, 혹시 기분 나쁜 점이라도 있는 것일까 하고 생각하고 있었습니다. 그때 문이 열리더니 이탈리아 우표가 붙여진, 당신의 필체로 쓰인 편지가 배달되어 왔답니다.……

집을 한 채 사고 도심에 있는 언덕에다 정원을 꾸몄다는 소식은 전에 말씀드렸을 줄 압니다. 그동안 토지를 계속 사들여 부지가 점점 넓어지고 있답니다. 그리고 작은 진료소와 마구간을 갖춘 특수한 집도 한 채 가지고 있습니다. 그곳에서 한국인 환자를 상대로 외래진료를 합니다. 주치의를 고용하고 있는 각국 공사관에 가서도 조금씩 진료하고 있는데, 독일에서 익힌 지식과 능력으로 평화를 위해 쓰고 있어 만족스럽습니다.

전에는 이러한 일들에 그다지 만족하지 못했답니다. 그런데 최근에 《도이치 룬트샤우(Deutsche Rundschau)》에 실린 〈인간 칸트(Kant)〉라는 글을 읽고 칸트의 우울한 성격에 관해 알게 되면서 비로소 위안을 느꼈답니다. 저야말로 자신에게 영원히 만족하지 못하고 계속 스스로 배워야 할 필요성을 느끼는 성격인 것 같아서 말입니다. 저는 이런 성격이 어느 정도 생물학적으로 특수한 인간유형이라고 생각합니다. 따라서 만약 이런 집단에 속하는 사람이라면 자족하는 법을 배워야겠지요.

겨울 내내 저는 몹시 우울하여 전쟁이 일어나지 않았다면 무슨 일이 생겼을지도 모를 지경이었답니다. 저는 러시아 공사관에 자주 드나들면서 일본 공사관과도 관계를 유지했기 때문에 사건의 현장에 앉아 있는 셈입니다. 저는 러시아인들이 도저히 이해할 수 없을 정도로 오만하여 점점 커지는 위험을 오판하고 일본을 얼마나 경멸했는지 보았습니다. 그리고 일본인들이 사소한 일까지 얼마나 극비리에 준비를 했는지 알게 되었답니다. 그들은 항상 경계 태세를 취하고 일치단결했습니다. 일본 사람들은 그처럼 애국심에 불타고 있었던 반면에, 러시아인들은 사사로운 남녀관계나 여자문제로 싸우는 데 정신이 팔려 있었습니다. 제게는 흥미로운 일이 겹쳤다고나 할까요. 생각해보십시오. 전쟁이 시작된 지 이틀 후 일본군이 상륙한 날, 일본 공사가 우리 공사관으로 러시아 공사관 사람의 부인을 저녁 식사 자리에 데려왔습니다. 러시아 사람들은 서울에 있는 러시아 공사관에 오는 모든 전보를 일본이 도청한다는 사실을 전혀 몰랐던 것입니다. 다음 날 아침에 러시아 전함 두 척이 제물포항에서 폭파되었습니다. 전투가 해안 가까이에서 벌어져 제물포 주민들은 모든 것을 똑똑히 볼 수 있었습니다. 저는 그곳에 직접 가지는 않았지만 나중에 병원에서 부상한 러시아 군인들을 보고 비참했던 전쟁상황을 알게 되었습니다.

 일본인들은 지금까지 절도 있게 행동하고 있으며, 생활필수품 가격이 꽤 오르고 길거리에 군인이 많다는 것 외에는 서울 사람들이 전쟁을 피부로 느낄 만한 건덕지가 없습니다. 주요 전투는 아마 압록강과 요동(遼東)반도에서 있을 것입니다. 그곳까지의 통신시설을 일본인들이 전부 장악하고 있어서 우리는 일본군의 검열을 통과한 소식만 비밀리에 듣고 있습니다. 저는 제가 알고 있는 의학지식을 일본 적십자사에 제공했는데, 지금까지 별다른 반응이 없습니다. 이토 히로부미 후작에게 개인적으로 청탁했는데도 일본인들은 저를 북쪽 전쟁터로 데려가려고 하지 않습니다. 그들은 어떤 외국인도 전장으로 보내려 하지 않고 있으며, 무관과 기자도 예외가 아니어서 그들 가운데 일부는 도쿄와 서울에 남아 있는 형편입니다. 저는 유럽인으로서는 유일하게 북쪽에 있는 전쟁의 소용돌이 속으로 찾아가 부상당한 사람들을 치료했으면 좋겠다고 생각했습니다. 그렇지만 아직까지 이렇다 할 일거리는커녕 사교적인 일만 생겨나고 있습니다. 무관 두 명이 우리 공사관에 파견되었고, 다른 공사관에는 그 나라 장교와 보초병 두 명이 파견되었습니다. 항구에는 병력을 실어나르는 배들이 정박하고 있습니다. 장교들은 할 일이 전혀 없어 식사하고 마시고 노는 소풍이나 계속 궁리하고 있습니다. 그런 일은 제 적성에 맞지 않지만 한결같이 그들에게 동조해야 합니다.

저는 매일 두 시간씩 말을 탑니다. 서울 주변에는 멋진 산책로가 많이 있습니다. 일요일에는 규칙적으로 우리나라 정보소령과 함께 걸어서 가까운 산에 오릅니다. 그는 아는 것도 많고 상냥한 사람입니다. 그리고 가까운 산에 오르기를 좋아하고 철학적인 대화를 즐기거나 좋은 책을 즐겨 읽고 일요일에는 저와 마찬가지로 완전히 절제된 생활을 합니다. 그와 같은 동료를 찾게 되어 아주 다행이라고 생각했는데, 유감스럽게도 우리 공사관에서 그를 일본군의 한 부대에 합류시키려고 어디론가 파견할 것 같습니다.

우리의 저녁식사나 저녁모임은 주로 우아하고 아름다운 미국 부인들 덕에 활기가 넘친답니다. 우리 공사관과 독일인 공동체에는 여자라곤 한 명도 없습니다. 제가 공사에게 그 사실을 일러주면 그는 이렇게 말합니다. "박사님, 결혼하셔야죠?" 문제는 누구와 결혼하느냐입니다. 사람이 미혼으로 외국에서 살다보면 점차 '문화의 기능자'라는 본질을 상실하고 '문화의 비료'로서 오용된다는 사실을 저는 잘 알고 있습니다. 유럽에서 온 독신 남성들 대부분이 이곳 동양에서는 일본 여자와 결혼하여 자기 조국과 가족을 저버린답니다. 미국 여인 혹은 기껏해야 영국 여인과 결혼한다 해도 마찬가지입니다. 아이들은 독일인이 되지 못하며 우리의 지식과 능력뿐만 아니라 피로써 다른 민족을 도와주었다는 안타까운 명성만 얻게

장승 옆에서
포즈를 취한 분쉬 박사

분쉬 박사가 사택 집무실에서 일하는 모습

됩니다. 저는 독일 여인만이 제 아내가 되어야 한다고 생각하며, 그 여인은 저를 도와 가정을 이끌며 독일의 본질을 간직해주는 역할을 해야 한다고 생각합니다. 국수주의적인 사고방식을 갖고 있지 않으면서도 독일의 정신을 전파하며, 인정받고 존경받을 수 있도록 나를 도와줄 여인이어야 함은 물론입니다.

최근에 즐거운 일이 있었습니다. 전쟁이라는 폭풍은 제게 베를린 신문사 통신원 한 사람을 실어다주었답니다. 그는 여행을 아주 많이 한 사람인데, 제 방 한가운데 서서 "나는 외국에서 여러 의사들과 여타 독일인을 그들이 사는 집에서 만나보았지만, 아무도 독일인으로 보이지 않았습니다. 그런데 당신 집에서는 안락한 옛날 독일 농가에 온 것 같은 기분이 듭니다"라고 말했습니다. 그러나 물론 제게 아내는 없었지요.

올해는 유럽에 가서 느긋하게 휴가를 보내고, 당신이 있는 밀라노에도 가고 싶습니다. 제 사진 몇 장과 제 집 사진을 몇 장 보내겠습니다. 당신도 빨리 당신 주변을 담은 사진을 몇 장 보내주시면 정말 기쁘겠습니다.

저는 모레 교주로 가서 며칠간 있다 올까 합니다. 우리 전함의 사령관이 친히 초청해주어 전함을 타고 교주에 갔다가 1주일 뒤 다시 그 배로 돌아오게 됩니다.

이제 끝을 맺을까 합니다. 편지가 아주 길어졌는데 다 읽어주시리라 믿습니다. 그리고 다시 한 번 즐거운 편지 한 통 보내주시길.

당신의 옛친구 리하르트 분쉬

### 청도 1904년 5월 5일

위에 쓴 지명에서 보셨듯이 저는 지금 교주의 항구인 청도에 와 며칠 동안 휴가를 보내고 있습니다. 청도는 독일의 조차지로 독일과 유사한 환경입니다. 순양함 '가이어호'를 타고 이곳에 왔는데, 사령관이 친절하게도 그의 선실을 마음대로 이용하게 해주어 호화선을 탄 영국 고관대작이 된 기분이었습니다. 화창한 봄날씨에 고요한 바다 위를 순항하는 일은 정말 황홀했습니다. 저는 사령관의 손님으로서 배에서는 사령관 다음으로 중요한 인물이었답니다. 2년 반 동안 독일적인 것을 대하지 못한지라 화창한 햇살을 받으며 청도로 입항할 때에는 고향에 온 듯한 착각이 들 정도였답니다. 해변의 붉은 기와지붕이며, 작은 첨탑과 종탑을 가진 스위스 양식으로 지은 집들이 들어찬 새롭고 아름다운 독일 도시가 우리에게 손짓하는 것 같았습니다.

제 귀에 들리는 독일어는 짐꾼이나 인력거를 끌어 자식을 키우는 중국인 날품팔이들이 하는 몇 마디입니다. 넓은 길거리는 프린츠 하인리히 가(Prinz Heinrich Straße)나, 비스마르크 가(Bismarckstraße) 같은 독일 이름이 붙여져 있습니다. 거리에는 수도와 전등이 있고, 아름다운 마차와 말도 보이며, 초록색 칼라를 접어 엊은 회색 웃옷을 입은 사수(射手)들이 북소리에 맞추어 축제를 하려고 걸어가고 있었습니다. 친절한 중국 경찰관들이며, 제 짐을 운반한 대가로 몇 푼을 주자 정중하게 "당케 쉔(감사합니다)"이라고 말하는 중국인, 이 모두가 기분 좋은 첫인상이었습니다. 맥주를 즐겨 마시는 뚱뚱한 독일인의 푸근한 모습도 이곳에서는 흔히 볼 수 있었습니다. 그들이 시가지를 느긋하게 걸어다니는 모습이 눈에 선합니다. 게다가 학교 동창을 두 명이나 만났습니다. 그들은 여기서 상점을 열었는데 장사가 잘된다고 하는군요. 저는 지금 독일인 여인 집에서 잠시 묵고 있습니다. 군대는 여기서 아주 중요한 역할을 합니다. 서울에 있는 우리 공사가 총독에게 저를 추천해주고, 무관도 상당히 지위가 높은 다른 장교들에게 소개해줘 지금까지 매일 점심식사와 저녁식사에 초대받고 있답니다. 행정관구 내에 있는 군사 주둔지 몇 군데를 방문하고, 기마병들의 호위를 받으며 그 지역을 돌아보면서 아름답고 새로운 모습을 많이 보게 되었습니다.

    내일은 취푸로 가려고 합니다. 그곳은 내륙에 있는데 여기서 기차를 타면 14시간 걸린답니다.

    일요일에 돌아와 월요일에는 군의감과 함께 말을 타고 먼 곳에 있는 산에 올라갈 계획입니다. 가이어호는 화요일에 전장으로 다시 돌아갈 것입니다.

진심으로 인사를 드리며  
당신의 리하르트 분쉬

## 사랑하는 부모님

**서울 1904년 5월 28일**

…… 청도는 매우 독일적인 도시로 마치 베를린에 새로 생긴 별장지역 같았습니다. 도로가 잘 정비되어 노폭이 넓고 보기 좋았지만, 아직은 집들이 완전히 들어서지 않았습니다. 집들이 하나같이 별장 같았고, 세 놓을 것 같은 집은 없었습니다. 중국인 날품팔이꾼들이 길에서 독일 말을 하는 등 곳곳에서 독일어를 들을 수 있습니다. 그리고 집 내부는 고향집같이 쾌적했으며, 아름다운 타일, 벽난로와 수도관, 집과 길을 밝혀주는 전등과 질좋은 육류 등 제가 거의 3년 동안 볼 수도 사용할 수도 없었던 편리한 시설을 갖추고 있었습니다.

자이파르트(Seifart) 씨 집과 렝너(Längner) 씨 집에 여러 번 갔습니다. 그리고 군의관직을 겸하고 있는 총독에게도 갔는데, 손님인 저를 어떻게 대접해야 할지 안절부절못하는 것 같았습니다. 저는 이분과 함께 먹을 것까지 준비해 하루 종일 말을 타고 청도의 급수지역 일대를 둘러보았습니다. 이분이 어느 날 대접해준 저녁식사는 굉장했답니다. 이들 내외분과 함께 말을 타고 가까이에 있는 랴오 산으로 소풍을 가기도 했습니다. 우리는 먹을 것을 잘 준비해 가져가서 즐거운 하루를 보냈습니다. 그 산에는 요양원이 있었는데, 멜처그룬트(Melzergrund)나 리젠그룬트(Riesengrund)와 경치나 분위기가 비슷했습니다. 마지막 날에는 여자 군의가 자기 집으로 아침식사에 초대하면서 제가 좋아하는 요리를 미리 얘기하라고 했습니다. 그 집에서 햄을 곁들인 손수 만든 국수를 맛있게 먹었답니다.

자이파르트 씨는 그곳 사람들에게 존경받는 인물인데, 자기가 경영하는 양조장 옆에 아담한 집을 지을 거라고 합니다. 양조장은 올 여름에 완성될 것입니다. 내부 시설이며 가마솥 등은 벌써 설치되어 있었습니다. 모든 점을 미루어보건대 양조업의 전망은 아주 좋습니다. 렝너 씨에게도 융숭한 대접을 받았습니다. 그도 잘 지내고 있는 것 같습니다. 그는 위탁매매업 외에 공장의 굴뚝 공사를 맡아 더 재미를 보는 것 같았습니다. 양조장의 대형 굴뚝도 그의 회사가 짓고 있고, 산동(山東) 석탄광산의 굴뚝도 지금 짓고 있는 중입니다.

산동철도는 황하(黃河)에서 멀지 않은 중국의 고도(古都) 취푸까지 뻗어 있습니다. 그곳까지 잠깐 가보았는데, 아침 6시부터 저녁 9시까지 기차를 타는 피곤한 여정이었습니다. 객차의 스프링이 좋지 않은 데다 날씨까지 매우 더웠기 때문입니다. 그런데 저는 철로 양변에 펼쳐지는 경작지를 보고 깜짝 놀랐답니다. 나지막한 언덕 때문에 어쩌다 끊어지는 넓은 평야와 시야에 들어오는 모든 것이 최상의 경작지였습니다. 독일에는 곡식이 풍성하게 경작된 농지가 400km나 이어지는 지대가 없는 걸로 알고 있습니다. 취푸는 불결한데도 부유한 도시라는 인상을 주었습니다. 하지만 그곳에서 온종일 이리저리 돌아다녀도 유럽인은 한 사람도 눈에 띄지 않았습니다. 좁은 시가지는 교통이 복잡하고 소란스러웠는데, 이 모든 것이 순수하게 중국 고유의 냄새를 풍겼답니다.

중국 지방장관이 설립한 병원에 독일 해군 군의가 근무하고 있었습니다. 많은 환자들이 진료소를 찾아와 말 그대로 문전성시를 이루고 있었습니다. 세켄(Secken)이라는 독일군 교관도 젊은 부인과 함께 취푸에 살고 있는데, 저는 두 사람이 신혼일 때부터 아는 사이인 터라 그들을 찾아가려고 했습니다. 하지만 세켄 씨 부인이 바로 이틀 전에 아기를 낳았다고 해서 못 갔습니다. 저는 중국인 집에 세들어 사는 독일 친구와 함께 지냈습니다. 그는 하사관으로 근무하다 중국에 교관으로 왔는데 지금은 조그만 호텔을 경영하고 있습니다. 그 호텔 방의 출입문이 뜰과 수평인가 하면 벽지를 바르지 않은 벽에 부착된 거친 널빤지 위에 세면대가 놓여 있고, 한마디로 모든 것이 약간 원시적이었지만 깨끗하고 음식도 맛있었습니다.

산동의 오지에서 다이아몬드를 찾고 있는 광산기사 케겔 씨는 유감스럽게도 만나볼 수 없었습니다. 그는 이곳에서 멀리 떨어진 교외에 사는 데 거기까지 말을 타고 가는 동안 더러운 중국식 진흙집에서 묵는다는 건 제게 너무 힘든 일이라서요.

한국 정부와 맺은 시의 계약 기간이 끝났는데도 아무 통고도 없이 날짜를 넘겨버려 휴가원을 내고 대리인을 구해야 할 판입니다. 휴가 기간이 9개월에서 1년 정도는 되어야 떠날 만하지 그렇지 않으면 안 가는 게 나을 성싶습니다. 휴가는 주로 런던과 베를린에서 보내고 싶은데, 만약 고향에 가서 적당한 자리를 찾으면 이곳으로 돌아올 필요가 없도록 모든 일을 처리해놓고 떠날까 합니다. 떠날 때는 세계의 다른 쪽도 알 겸 미국을 거쳐 가려고 합니다. 이 계획대로 하려고 요즈음 바짝 절약하고 있습니다. 해가 바뀌면 전쟁도 결판이 날 것이고, 그러면 여기로 돌아올지 그만둘지 선택할 수 있겠지요. 어쩌면 제 대리인이 될 사람은 제 덕택에 세계일주를 할 수 있을지도 모르겠습니다.

오늘은 이만 줄일까 합니다. 날씨가 푸근하고 화창해 클레어 씨가 식사하고 나서 저에게 올 겁니다. 그가 오면 정원에 느긋하게 앉아서 수다를 떨며 독한 담배를 피울 것입니다. 내일은 일요일이라 소풍에 초대받았으며, 제물포로 가는 길에 뤼어스 씨 댁에 가볼까 합니다.

## 서울 1904년 6월 9일

...... 요즈음은 이곳에서 다른 세계로 연락할 수 있는 길이 거의 두절된

독일 공사관에서 열린 가든 파티에 가는 사람들

서울 주재 독일 공사관 전경

상태입니다. 교통수단이라곤 전함뿐이라고 해도 과언이 아닙니다. 저는 3주 전에 청도에서 돌아왔는데, 프랑스 전함이 오늘에서야 우편물을 싣고 들어왔습니다. 포트 아르투르 근해에 풀어둔 수많은 어뢰가 황해에 떠돌아다녀 항해하는 배들이 겁을 먹은 바람에 교통사정이 나빠진 것입니다. 제가 청도에서 돌아올 때 탄 배도 매우 조심스럽게 항해해야 했습니다. 청도에서 돌아온 5월 28일에 부모님께 편지를 썼지만 국외로 보낼 가능성이 없어 아직 여기 두고 있답니다. 전보 치는 일도 쉽지 않습니다. 전쟁으로 부호를 쓸 수 없는 데다 반드시 영어나 프랑스어만 써야 할 뿐 아니라 한 단어당 5마르크나 내야 합니다. 그리고 모든 통신업무를 장악하고 있는 일본 전보국이 내용을 정확히 전달하리란 보장도 없습니다. 그러니 제가 부모님을 덜 생각하거나 전혀 생각하지 않았다고 오해하지는 마십시오.

저는 각국 공사관과 잘 알고 지내기 때문에 다른 사람들보다 한 가지 소식이라도 먼저 듣게 됩니다. 서울은 상해나 홍콩과는 사정이 전혀 다르다는 것은 사실입니다. 그렇지만 전쟁에 대한 터무니없는 소식을 그대로 믿고 걱정 많이 하셨지요? 이곳 서울에서는 전쟁상황이 어떻게 되어가는지 듣지도 보지도 못합니다. 오히려 파티나 소풍, 만찬이나 그와 유사한 다른 모임들을 하느라 걱정할 틈이 없답니다. 제가 보내드린 사진에서 보신 우리 공사관에서 열린 가든 파티가 일본 영사관에서도 연이어 벌어집니다. 이런 파티가 연달아 있기 때문에 즐거운 비명을 지르는 형편이랍니다. 우리는 일본인들이 전쟁에 관해 알리고 싶은 소식만 선별적으로 듣고 있습니다. 유럽에서 보도되는 것과는 달리 러시아는 지금까지 계속 불리한 상태입니다. 러시아군은 규모가 작을 뿐 아니라 중대한 전략적 실수를 범해 전세를 곧 회복하지 않으면 곤란할 것입니다. 어쨌든 전쟁은 오래 갈 것이며, 유럽행 휴가에서 돌아오기 전까지 평화조약이 체결되기는 어려울 것 같습니다.

제가 휴가를 떠날 때 일할 대리인을 구하셨다니 다행입니다. 그 사람이 부모님께 이곳 생활이 어떤지 물으면, 아무 위험도 겪지 않고 흥미로운 환경에서 재미있는 시간을 보낼 수 있다고 말씀하시는 게 좋겠습니다. 저와 가까웠던 바이페르트 영사가 부모님이 계시는 곳에서 멀지 않은 프라하 주재 총영사관 대표로 일하고 있습니다. 부모님께서 듣고 싶어하시는 이곳에 관한 모든 정보를 그분이 기꺼이 알려줄 것입니다.

### 서울 1904년 6월 23일

…… 지난번 편지에 쓴 것처럼 휴가를 갖고 싶습니다. 황제에게 승인을 받았으니 대리인만 확정되면 됩니다. 신문에서 이곳 사정을 떠들어대더라도 아무도 거기에 신경쓰지 않았으면 좋겠습니다. 한국에 대해서 놀라울 정도로 거짓 기사가 난 것 같습니다. 오늘 제가 부탁드리고 싶은 말씀은 제 편지 내용이 신문에 게재되지 않게 해달라는 것입니다. 프라하에 있는 독일 영사관에서 신문기사를 스크랩해 몇 군데 논평을 달아 제게 보낸 것을 편지에 동봉합니다. 다시 한 번 말씀드리자면, 제 편지는 인쇄하기 위해서 쓴 것이 아닙니다. 제 개인진료소 일이 잘 안 된다는 것을 온 세상 사람이 알 필요가 어디 있겠습니까? 기사로 나간 부분보다 더 재미있는 내용이 제 편지에 담겨 있습니다. 만약 신문사 사람들이 염치없는 짓을 한다면, 그들에게 사신(私信)을 주지 말아야 합니다. 서울 주재 공사관과 북경 주재 공사관에서 신문에 난 제 편지 내용 중 몇 가지 점에 관해 의아해하고 있습니다.

이만 줄이겠습니다. ……

## 서울 1904년 8월 13일

  여기 사람들은 이제 이 나라에서 벌어진 유사전쟁 상태에 꽤 익숙해졌습니다. 러시아군은 한국에서와 마찬가지로 만주에서도 계속 불리한 상황입니다. 한국에서 일본군에 패한 러시아 전초부대가 며칠 전 이곳에서 사흘 걸려 갈 수 있는 곳으로 후퇴했습니다. 이틀 전에는 해상에서 큰 변화가 있을 것 같았습니다. 배들은 제물포에서 출항할 수 없습니다. 러시아 배들이 포트 아르투르에서 일부 포위망을 뚫었다고 합니다.

  이곳 서울에는 몇 주 전에 민중 봉기가 일어났습니다. 그러자 일본인들이 도시를 장악하여 남산 위에서 대포를 쏘는 단호한 조치를 내렸습니다. 일본군은 모든 성문과 공공건물을 완전히 점령하고, 스파이 조직을 확대해 민심의 동요를 철저히 감시하고 있었습니다. 한국 사람들은 일본의 술책에 말려든 것을 뒤늦게 깨달았습니다. 어떤 관리가 나라의 안녕을 위해서 말하거나 글로 쓰거나 행동에 가담하면 일본군이 쥐도 새도 모르게 붙잡아가 귀양 보내버립니다. 여태까지 사람들은 유혈사태를 피해왔지만, 지금의 긴장상태로 보아 조만간 유혈사태가 일어날 것 같습니다. 일본의 요구를 어기면 전쟁이 시작된다는 법규가 이미 공포되었습니다. ……

  사태가 일본군에게 유리해지고 러시아군이 계속 창피스러운 꼴을 당하면 한국 정부에 고용된 외국인들의 주가는 현저히 떨어질 것입니다. 궁정에서 제 위치가 정치적으로 중요시되기 때문에(실제로는 거의 중요하지 않지만) 사태가 그렇게 전개될 경우 우리 모두, 특히 저를 필두로 이곳을 떠나야 합니다.

  천만다행으로 이번에는 고생하지 않고 장마철이 거의 지나갔습니다. 일요일인 내일은 제물포에 있는 미국 공사 댁에 초대되어 갑니다.

## 사랑하는 어머니

### 서울 1904년 8월 20일

······ 5월 말에 대리인 문제 때문에 베를린에 전보를 쳤습니다. 이곳의 전쟁 분위기 때문에 여기로 오려는 사람은 홍콩에 있는 동료 한 사람뿐이었습니다. 전장의 상황은 악화되어 러시아가 전쟁을 좀더 끌 수 있으리라고는 생각할 수 없으며, 더욱이 이기리라는 기대는 도저히 할 수 없습니다. 한국에서는 일본의 영향력이 점점 커져 한국에 고용된 외국인들은 대략 5~6개월 뒤에는 귀국해야 할 것 같습니다. 저는 지금 휴가를 떠나지 않고 사태의 결과를 지켜보렵니다. 재계약을 했으니 연장된 기한까지 그 대가를 받고 귀국하게 되면 좋겠지만 쉽사리 그렇게 되지는 않을 것입니다. 계속 붙들려 있을 가능성도 있습니다. 전쟁이 시작되자 저는 상황을 판단하여 우리 공사관을 통해 곧바로 일본 공사에게 다음과 같이 알렸습니다. 제가 일본인에게 방해가 된다면, 음모를 써서 내쫓지 않고 계약대로 미리 해약 의사를 통보해주면 기꺼이 떠날 준비가 되어 있노라고 밝혔습니다. 그러자 일본 공사가 제 뜻을 알아듣고 사람들이 제가 떠나는 것을 원치 않을 것이라고 말했습니다.

요즈음엔 일본인들과 친밀하게 지내고 있습니다. 도쿄에 있는 일본 적십자사 총재인 하시모토[43] 남작은 제 환부절제톱과 자기 것을 바꿔가기까

---

[43] 橋本綱常(1845~1909): 도쿄 대학 교수로 일본 적십자사 총재를 역임한 일본 보건제도의 개척자

지 했습니다. 인디언 둘이서 우호관계를 맺었다는 소리같이 들리시겠지만 제발 웃지는 마십시오.

　몇 달 전 이토 히로부미 씨가 이곳에 왔을 때 하시모토 씨가 이토의 주치의를 통해서 헬페리히 환부절제톱을 저더러 스케치해달라고 부탁해왔습니다. 제가 헬페리히 교수의 조수였으니 그 톱을 잘 알 거라고 생각했던 모양입니다. 그래서 제 것을 선물했더니 며칠 전 일본에서 하시모토 씨가 견본에 따라 만든 아주 예쁜 절제수술톱을 일본 공사관 공의편으로 보내왔습니다. 톱을 가지고 있을 때는 절제수술할 일이 전혀 없더니 그 톱을 받은 뒤 닷새째 되는 날 팔 절단수술을 했답니다.

　진료소 일은 잘되고 있어 날마다 할 일이 늘어나고 있습니다. 지난 일요일에는 제물포에 있는 미국 공사의 여름 별장에 초대받았습니다. 제 장래에 관해서 앨런 씨와 이야기할 기회가 있어서 휴가 계획도 말했습니다. 그러자 그는 지금 떠나서는 안 된다는 아주 성의 있고 사심 없는 충고를 해주었습니다. 제가 미국인 의사에게는 강한 경쟁자인데도 말이죠. 미국은 엄청난 돈을 이용해 일본에 붙었다가 전쟁이 끝나면 한국에서 매사에 간섭하려 들 것입니다. 저는 당분간 참고 지켜보려고 합니다.

## 사랑하는 숄 양

**서울 1904년 8월 20일**

《프랑크푸르터 차이퉁》에 실린 여성학 회의에 관한 기사 관심 있게 읽었습니다. 그리고 '백색 노예무역(White slave trade)'이란 꼭지에서 절친한 옛친구의 이름을 발견하고는 뛸 듯이 기뻤습니다. 커다란 인쇄용지 안에서 누군가가 다정하게 인사하며 불쑥 얼굴을 내미는 것 같았답니다. 저는 예전부터 여성문제에 관심이 아주 많았는데, 여성들이 교육받을 기회와 교육받고 싶은 욕구를 제한하는 것을 이해할 수 없습니다. 근본적인 문제는 여성들이 여러 분야에서 일할 능력이 있는가인데, 지금까지는 여성들이 활동할 기회조차 주지 않았던 것 같습니다. 그 문제는 논란의 여지가 없다고 봅니다. 정신적·신체적 능력을 지닌 모든 사람에게 자신이 하고 싶은 것을 마음대로 할 수 있는 기회를 주어야 한다고 생각합니다.

그러나 여성의 노동과 정신의 중요성이 학술회의에서 승리를 거두었다고 하지만, 학술회의가 제시해야 할 본질적인 과제를 간과해버렸다는 인상을 떨칠 수가 없군요. 인구가 많은 나라가 바로 강한 나라라는 것을 우리 모두 잘 알고 있습니다. 예를 들면 중국은 비록 정치가 잘못되고 있다 할지라도 인구 수로 국력을 과시합니다. 이 점에서 러시아는 문제가 다릅니다. 러시아는 여러 민족집단으로 구성되어 있기 때문에 사회영역에서는 전제정치, 종교적 영역에서는 비관용(非寬容)이라는 바람직하지 못한 수단을 써야 비로소 통일국가를 이룰 수 있으니까요.

우리의 남성교육은 두 사람이 아닌 한 개체로서 생존할 수 있는 상태를 추구하며, 근대 여성운동도 마찬가지로 그와 같은 것을 지향하고 있습니다. 그러나 여성이 그렇게 독립하려면 40년이 지나야 가능할 것입니다. 여성에게 결혼이란 하나의 항구이며, 사람들은 이를 미풍양속으로 생각하기 때문에 그 속으로 들어가야 합니다. 남자에게 결혼은 노년에 닥치는 쇠약함과 류머티스를 간호받을 수 있는 일종의 주어진 상황일 뿐입니다. 이러한 교육과 운동은 아이를 낳지 않거나 기껏해야 하나 정도 갖는 결과를 초래할 것입니다. 그래서는 국가가 더 이상 발전하지 못합니다. 따라서 해답은 교육과 생활조건을 개선하여 남녀 모두 편견과 이기주의를 극복함으로써 젊을 때 되도록이면 행복하게 결혼하여 살게 하는 것입니다. 지난번 학술회의에서 다룬 많은 문제들이 이 주제 속에 포함되어 있을 것입니다. 여성문제를 여러 가지 측면에서 볼 수 있겠지만, 제가 말한 두 가지 측면, 즉 자연과학자적 측면과 애국자적인 측면을 널리 이해해주시기 바랍니다. 이 두 가지 다 국가를 위해서 중요하다고 생각합니다.

제가 이처럼 어떤 사회정책에 관해 말하면 제 친구 로멜 씨는 "쓸데없는 시시한 소리오!"라고 말할 것입니다. 당신은 이 친구처럼 말하지 않고 전쟁에 관한 제 생각을 듣고 싶어하시길 바랍니다. 그런데 지금은 그것에 관해서 쓸 게 별로 없습니다. 어제야 비로소 일본에서 온 신문을 받았는데, 포트 아르투르에서 있었던 지난번 해상전투(8월 10일)에 관한 소식이 실려 있었습니다. 이 소식에 따르면 사태가 러시아군에게 계속 불리해지고 있습니다. 사람들은 포트 아르투르가 함락되리란 것을 기정 사실로 받아들이고 있습니다.

여기 있는 일본인들은 정복의 날을 축하하려고 큰 행사를 준비하고 있습니다. 주름진 함석판과 나무로 만든 철갑함이 기차역 옆에 세워져 있고, 그 옆에는 커다란 조명기구가 설치되어 있습니다. 일본군 진지에서는 등불을 들고 축하행진을 벌일 준비를 하고 있습니다. 일본이 크게 승리했음은 의심할 여지가 없을 것 같습니다. 일본은 마치 심사숙고하여 재빠르고 정확하게 말을 놓는 노련한 장기 명수 같습니다. 반대로 러시아인들은 굼뜬 행동으로 허송세월하고 있답니다. 러시아가 진다는 것은 전 유럽이 수치스러워할 일입니다. 지난 호 《라이프(Life)》에 실린 삽화가 이 사태를 잘 묘사하고 있는데, 당신도 보셨는지요. 삽화는 한 일본 사람이 옷을 벗겨 꽁꽁 묶은 러시아 사람을 거대한 중국 사람에게 보여주는 장면입니다. 그리고 러시아 사람 앞에는 '수치'란 글씨가 쓰인 찢어진 이불이 놓여 있고, 그 위에는 망가진 러시아 무기가 놓여 있습니다. 일본인이 중국인에게 러시아인을 가리키면서 이렇게 말합니다.

"바로 이 녀석이 유럽에서 가장 힘센 놈이었어!"

숄 양, 당신은 고향에 계시니 여기 일을 잘 모르시겠지만, 우리는 전쟁이 끝나고 상황이 어떻게 변해가는지 세세하게 볼 수 있답니다. 제 판단으로는 전쟁이 곧 끝나 휴가갈 계획은 포기해야 할 것 같습니다. 만약 일본이 이긴다면 한국 정부에 있는 우리 유럽인들도 귀국할 가능성이 큽니다. 그래서 저는 문제가 명백하게 해결되기를 기다리고 있습니다. 지난 3년 동안 재정적으로 별로 나쁘지 않았습니다만, 저 같은 나이 많은 독신 남자가 여기서 어떤 지위를 겨우 얻은 뒤 다른 곳에서 다시 뭔가를 시작한다는 건 힘들 것입니다. 저는 동양에서 다른 자리를 찾아볼까 합니다. 청도에 갔을 때도 이런 생각으로 살펴보았고, 또 천진은 잘 모르긴 하지만, 의사에게는 여건이 더 좋은 도시라고 합니다. 하지만 거기 생활은 여기처럼 그렇게 아늑하지 않을 것이며, 그곳은 경치가 아름다운 서울과는 비교가 안 됩니다.……

## 사랑하는 부모님


**서울 1904년 9월 7일**

  이 상자 속에는 수달피 열네 장과 표범피 세 장이 들어 있습니다. 수달피는 크리스마스 선물로 받아주십시오. 그리고 표범피는 모피 가공업자에게 맡겨 손질하셔서 제가 돌아갈 때까지 보관해주십시오.


**서울 1904년 9월 11일**

  오늘은 짤막하게 몇 자 적겠습니다. 이곳에서는 아무 일도 일어나지 않았습니다.
  몇 분 후면 차를 타고 제물포로 가서 비스마르크호를 탈 것입니다. 프리트비츠 제독에게 조찬 초대를 받았는데, 오늘 저녁이면 돌아옵니다.
  이곳에서는 이제 전쟁에 관해서 들을 것도 없고 눈에 띄는 것도 별로 없습니다. 이러한 상황이 얼마나 지속될지 알 수나 있었으면 좋겠습니다. 제 일자리가 불확실해 처신하기가 곤란합니다.……

## 사랑하는 숄 양

**서울 1904년 9월 18일**

…… 제가 차린 진료소는 잘되고 있습니다. 환자가 매일 서른 명 이상 찾아오고 있으며 그들에게 약을 지어줍니다. 그러고도 백치처럼 무지한 한국 정부는 보조금을 한 푼도 주지 않습니다. 찾아오는 환자들 대부분은 약값을 치를 돈조차 없는 지경이랍니다. 이런저런 사람들을 돕는 마음 또한 값진 것이겠지요. 저는 항상 마음속으로 제가 하는 일의 공로를 인정받아 최고로 숙련된 간호원들과 조수, 제반 시설을 갖춘 한국과 일본이 공동으로 설립한 종합병원의 가장 높은 자리에 앉아 있기를 바란답니다. 인술을 생각하는 양심적인 의사에게는 가소로운 일이지만요. 어려움 속에서도 제 일이 좋은 결과를 가져오도록 기원해주십시오. 그런 기도가 때때로 도움이 되니까요.

우리 공사가 미국인이 경영하는 금광을 방문하려고 여행을 떠났기 때문에 제가 요사이 그분의 말을 운동시켜주고 있습니다. 곧 옷을 갈아입고 말을 풀어 아름다운 가을 저녁을 바람처럼 달려볼까 합니다. 이곳의 저녁이 얼마나 아름다운지 당신은 모르실 겁니다.

며칠 전에는 들판과 숲을 지나 시적 정취가 담긴 달빛 아래서 야외승마를 했답니다. 그날은 멀리 떨어진 곳에 있는 프랑스 사람이 경영하는 농장을 향해서 위험을 무릅쓰고 달렸습니다. 그 농장은 외국인이 경영하는 유일한 농장인데, 우윳값을 주러 간 것이죠. 이 가련한 양반은 마을 주민들이 건초를 훔치지 못하게 하려고 소총과 권총을 차고 초원에 나와 있었습

승마하려고 나온 분쉬 박사의 모습

니다. 마을 주민들이 그의 건초에다 불을 지르려고 했다지 뭡니까. 사연인 즉, 그가 마을 사람들에게 풀을 베게 하지 않고 다른 마을에서 데려온 사람에게 풀 베는 일을 시켜서 그랬다는군요. 그곳에는 물론 경찰이나 보안을 맡은 사람이 없기 때문에 각자가 자신을 방어해야 한답니다. 그런 때 마침 제가 도착한 것이죠. 채찍을 의젓하게 쥐고 말을 탄 사람이 곁에 있다는 사실만으로도 그의 사기를 충분히 돋울 수 있었습니다.

아름다운 경치 속에서 즐긴 승마가 정말 좋아서 집에 돌아가면 그 얘기를 당신에게 쓰려고 마음먹었습니다. 그런데 이탈리아 공사의 부인이 보낸 편지가 와 있어 곧바로 다시 나가야 했습니다. 공사가 팔을 삐어 치료를 해야 했거든요. 시적인 기분은 사라져버렸고, 부목과 붕대를 이용해 뼈를 붙여야 했습니다. 의사의 생활이란 꼭 잘 나가다 비시적(非詩的)이고 불쾌하게 끝나는 하이네(Heinrich Heine)의 시 같습니다.……

## 사랑하는 부모님

**서울 1904년 10월 6일**

⋯⋯ 일본 사람들은 그들이 하고자 하는 일을 그럭저럭 잘하고 있습니다. 일본 사람들은 게으르고 믿을 수 없는 한국인에게 권리 행사를 하고 있습니다. 며칠 전에 그들은 유럽 사람들이 크게 놀랄 일을 저질렀답니다. 제 집에서 15분 정도 떨어진 곳에서 총을 쏴 한국인 세 사람을 죽인 것이죠. 들리는 바에 따르면 그 한국인들은 술에 취해 서울-의주 간 철도공사에 피해를 입혔다고 합니다. 여기는 이미 전시법이 공포되어 총살은 특별한 일도 아니었지만, 사형 집행과정을 사진사 두 명에게 찍게 하는 등 일 처리를 공개적으로 한 것은 불쾌했습니다. 이 지독한 총살장면이 담긴 사진을 살 수도 있답니다.

한국은 경제문제에는 일본인 고문, 대외적인 문제에는 미국인 고문의 도움을 받을 수밖에 없는 처지랍니다. 일본인 고문은 벌써 이곳에 들어와 높은 직위를 이용하여 몇 가지 부정부패를 적발하고는 장부를 기재하지 않고 있던 여러 관청에 계산서를 내놓으라고 했답니다. 그는 관리들이 공금을 횡령하거나 장부를 가짜로 작성한다는 것을 알고 있었던 것이죠. 한국 민중도 서서히 일본에 반감을 갖기 시작했지만 도시 안에 일본군이 많기 때문에 어떤 저항도 할 수 없습니다. 겨울이 되면 이곳에 2만 5,000명이나 주둔하게 된다고 합니다. 벌써 모든 생활필수품 가격이 전시와 비슷하게 올랐습니다. 드디어 러시아인들이 북부지방에 나타나 사람들은 한국에서 전투가 벌어지리라 생각하고 있습니다. 북부지방은 엎치락뒤치락하

1904년 전시법 공포 당시 일본인들이 공개적으로 사진촬영을 하게 한 처형 장면

는 형편입니다. 오늘은 일본군이 나타나는가 하면 다음 날은 러시아군이 들어옵니다. 러시아군이나 일본군 모두 있는 대로 요구하고 징발해 가 가난한 한국 사람만 번번이 곤욕을 치르고 있습니다.

잘더른 공사가 평양 북쪽에 있는 미국인이 경영하는 금광을 잠시 방문하러 간 사이에 부영사가 직무를 대행하고 있습니다.

오늘 제물포에 '타쿠(Taku)호'와 '스코(Sqo)호'라는 어뢰정이 들어왔는데, 그 배들이 이 편지를 전해주면 좋겠습니다.

청도를 한번 둘러보니 그곳에 정착하는 일이 낙천적인 자이파르트 씨가 생각하고 있듯이 썩 잘될 것 같지는 않습니다. 진료소 일은 잘되고 있지만 아무 이득도 없고 오히려 손해를 보고 있답니다. 언젠가 한국인이 병원을 지어주길 바랄 뿐입니다.

제가 타던 말은 이문을 남겨 팔았고 이달 말에 말 한 필이 새로 북경에서 들어올 것입니다. 공사는 세 필을 주문했고 저는 한 필 주문했습니다. 승마는 이곳에서 누리는 유일한 즐거움입니다. 승마하는 사람은 저와 독일 공사와 미국 총영사 세 사람뿐입니다.

최근 주간지 《보헨(Wochen)》에 제 모습이 실린 것을 보셨겠지요. 공사의 집에서 열린 가든 파티 때 찍은 사진입니다. 사진설명과 기사가 함께 실려 있더군요.

서울은 날씨가 계속 쾌청해 사람들의 건강상태가 좋아서인지 진료소는 그다지 붐비지 않습니다.

## 서울 1904년 11월 30일

두 분의 사랑이 담긴 편지 두 통 잘 받았습니다. 이번에는 상해에서 오는 프랑스 전함을 통해 받았답니다. ……

보버룰러스도르프(Boberullersdorf)에 있는 골짜기의 댐공사가 실제로 진척되고 있다니 기쁜 일입니다. 그러면 아버지께서 추진하고 계신 공장 매각도 빠른 시일 내에 이루어질 테니까요. 공장을 처분하면 큰 이득이 생기리라 생각합니다. 또 한편으로는 우리들 자식들에게 언제나 갈 수 있는 고향이 있다면 정말 좋은 일입니다. 고향이 있다는 사실은 다른 무엇보다도 사는 데 큰 용기와 모험심을 갖게 해주어 설령 일이 잘못된다 해도 항상 안정감이 있으니까요.

저는 대리인과 수입을 나누기로 결정을 보았습니다. 서울을 떠나 있는 동안 제게 매달 700마르크를 보내주기로 했답니다.

돌아갈 때는 일본과 미국을 경유해 런던으로 가서 3개월 정도 있고 싶습니다. 부모님께만 터놓고 말씀드리는 건데, 영국 국가고시를 마칠까 합니다. 베를린에서 시 소속 의사로 근무하려던 계획은 유감스럽게도 수포로 돌아갔습니다. 하지만 영국에서 시험을 보아 한 과목만 더 합격하면 이곳에 와 있는 세 명의 영국인 의사보다 한 등급 높은 학위를 따게 됩니다. 그렇게 되면 경쟁에서 유리해지겠죠. 이런 생각을 이곳에서는 아무에게도 말하지 않았으니 거기서도 말씀하시지 않았으면 좋겠습니다. 누군가가 왜 그렇게 오랫동안 런던에 머무르는지 물어보면, 그곳에 있는 열대병연구소를 찾아가려고 한다고만 얘기하십시오. 그러고 나서 고향에 가 9개월간 쉬겠습니다.……

　전쟁의 낌새는 별로 보이지 않습니다. 한국인들은 정치적 소요를 일으키고 있습니다. 대부분의 민중이 어눌한 정부 때문에 나라가 계속 몰락하고 있다고 생각합니다. 사람들은 어찌할 바를 모르고 있습니다. 러시아인들은 한국 북부지방의 3개 도(道)에 진주해 있습니다. 그리고 나머지 10개 도를 일본인들이 군대가 아니라 정치적 영향력으로 장악하고 있습니다. 한국 정부는 국가와 국민을 생각할 겨를도 없이 장례식이며 의식, 죽은 황태자비의 묘지 선택에 분주하며, 장례식 경비로 10만 엔을 쓸 것이라고들 합니다. 정말 어처구니없는 짓이지요. 그러면서 유용한 일에는 돈을 쓰지 않습니다.

　저녁시간은 재미있는 사람들과의 만남으로 지나갑니다. 며칠 전 잘더른 씨 댁에서 일본 장성들과 합석했습니다. 이런 데 모여 법석거리는 일이 유익할 건 없지만, 적어도 영어와 프랑스어는 유창하게 할 정도로 배웁니다. 얼마 전에는 일본인 야전병원선에 전문의로 초빙되었습니다.


### 서울 1905년 1월 4일

　…… 러시아가 한국에서 어떤 권리도 주장할 수 없을 정도로 상황이 또다시 바뀌었습니다. 신년인사를 하러 일본 공사를 찾아갔을 때 그에게 들은 얘기를 종합해볼 때 포트 아르투르는 가까운 시일 안에 틀림없이 함락될 것입니다. 러시아군은 샤호(Sha-ho)에서 보루를 지키고 있습니다. 요양(遼陽)에 주둔한 일본군 부대에서 성탄절을 보낸 종군기자가 어제 저에

게 전해준 바로는 일본군의 군량 보유 상태는 아주 좋다고 합니다.

  한국에서는 서서히 혁명의 기미가 보입니다. 대다수 민중이 정부에 불만이 많고 개혁을 요구하고 있지만, 위정자들은 바보같이 개혁에 응하려 하지 않습니다. 그 결과 운동이 더욱 확산되었으며, 최근에는 위협적인 성명이 공포되어 많은 사람들이 숨죽이며 지내고 있습니다. 황태자비의 장례식에 사람이 많이 모일 텐데, 그때 무슨 일이 일어날 것 같습니다. 사람들이 황제를 죽이는 것을 별로 좋지 않게 여긴다면 추측컨대 폐위할 것입니다. 그렇게 되면 돈도 대주고 조언도 해주며 민중의 봉기를 부채질하고 있는 일본인들이 가장 흡족해 하겠지요. 일본인들은 전쟁을 시작했을 때 한국의 자주성을 침해하지 않겠다고 한 약속을 후회하고 있는 것입니다.

  전쟁이 끝날 수도 있고, 비록 한국 정부가 더 이상 존속하지 않는다 해도 이곳은 전망이 밝습니다. 외국인 집단거주지가 조금씩 늘어날 것이며, 시간이 지나면 아주 쾌적한 병원도 지을 수 있을 것입니다. 그리고 서울-부산 간, 서울-의주 간 철도가 완성되면 외국인의 왕래가 틀림없이 늘어날 것입니다. 저는 이곳에서 훌륭하게 병원업무를 시작할 수 있는 기반을 벌써 닦아놓았습니다. 이곳은 크리크 씨가 돈을 많이 벌고 있는 상해와 달리 이제 시작입니다. 게다가 크리크 씨처럼 동분서주하며 일하는 것은 제 건강상태로는 도저히 불가능합니다.

## 사랑하는 숄 양

**서울 1905년 1월 12일**

  저에게 새해는 이상하게 시작되었습니다. 3월에 유럽으로 출발할 모든 준비가 되어 있었는데, 황제가 시종을 보내 제가 떠나는 일이 불가능할 것 같다고 전했습니다. 한국의 정치상황이 바뀌어 제가 머물 필요가 있다는 것이었습니다. 그 말에 저는 정치상황과 나는 무관하다고 침착하게 대답했습니다. 지금까지 이 나라 사람들은 제 일이나 개인적인 사정에 신경쓰지 않았으니까요. 황제는 제가 머무르고자 한다면 병원도 지어주고 운영하게 해줄 용의도 있다고 알려왔습니다. 그래서 저는 독일 공사관이나 독일 은행에 10만 엔을 기탁하라고 하고, 도시 중심지에 있는 시가 3만 5,000엔의 병원 부지를 요구했습니다. 황제는 오늘 저녁 이 어려운 문제를 숙고하실 텐데, 어떻게 결정하실지 궁금합니다. 저와 황제폐하의 이러한 관계가 놀랍지 않습니까? 상황이 이러니 올해 안으로 당신을 만나보기는 힘들 것 같습니다. 그 대신 사진상자를 꺼내 제 모습과 제가 살고 있는 집 안 모습이 담긴 다소 평범한 사진을 찾아 당신께 보내드릴까 합니다. 그리고 밀라노에서 당신을 방문하지 못한 아쉬움을 달래줄 당신의 상냥한 모습과 주변을 담은 사진 몇 장을 받아볼 수 있기를 가만히 기대해봅니다.

  단체사진은 설명이 필요할 겁니다. 왼쪽부터 수석 통역관과 조수, 차석 통역관과 조수, 사환, 요리사, 마부, 수석 인력거꾼, 차석 인력거꾼, 마부의 부인과 아이들, 티베트 산(産) 개 살카, 그리고 저입니다. 말 타고 있는 사진을 보시면 제가 좀 살이 쪄 보일 겁니다. 배가 나와 보일 텐데, 실은 제 재단

분쉬 박사와 그가 고용한 일꾼들

사가 옷을 잘못 만든 바람에 그렇게 보인답니다.

성탄절을 어떻게 보내셨는지 편지에 써주십시오. 당연히 재미있고 평온하게 보내셨겠지만요. 저는 별로 마음에 들지 않는 저녁모임에 초대받았는데 여러 나라 사람들이 다 모였답니다. 독일의 축제를 국제적으로 지내려 했으니 분위기가 나겠어요? 그런데다 독일 여인들까지 멋없고 절도 없는 행동을 했지 뭡니까. 아늑한 제 집으로 다시 돌아왔을 때 기뻤습니다. 빌쇼브스키(Bielschowsky)의 저서인 《괴테(Goethe)》와 고비노(Gobineau)[44]의 《르네상스(Renaissance)》를 스스로 선물 삼아 구했는데, 이 책들 때문에 아주 즐거웠답니다.

다음에 제가 어느 유럽 화보신문에 승마선수가 됐다는 글이 실리더라도

---

44) Joseph-Arthur Gobineau(1816~1882): 프랑스 작가이자 외교관이었다.

독일 공사관 승마연습장

놀라지 마십시오. 우리 공사가 경기용 말 네 필을 중국에서 보내오게 했답니다. 그런데 말이란 동물은 언제나 달려야 하는 속성을 지닌 데다 무슨 일이 생기면 제가 언제든지 공사를 도와야 할 형편이어서 오후 2시부터 밤까지 말을 타고 달리는 연습을 합니다. 운동가이자 시인이며, 기행문 작가인 스웨덴 사람이 잠시 이곳에 머무르고 있어서 우리는 종종 그를 승마연습장에 데려가곤 합니다. 그 사람이 우리 사진을 찍어주었는데, 우리에 관한 기사를 쓸 때 저를 대단한 운동가로 묘사하더라도 한마디도 믿지 마십시오.

오늘 당신이 행복한 활동을 성공적으로 하고 있다는 소식 감사하게 받았습니다. 그 소식을 듣고 당신이 하는 일의 범위를 알게 되었습니다. 당신 환자들과 내 환자들이 마치 서로 국적 경쟁이라도 하는 것 같더군요. 온갖 나라 사람이 제 손을 거쳐갔는데, 심지어 중국 여인 한 명도 치료했다고 말한 적 있지요?

유럽인은 황인종에게 다시 한 번 된통 당하게 될 것 같습니다. 유럽인들은 그들을 평화롭게 살도록 내버려두지 않고 있고, 우리 문화와 사랑의 기독교를 자만하여 황인종이 우리와 같은 교육도 못 받고 피부색도 다른 점을 우리보다 열등하다고 생각하기 때문입니다. 유럽인들은 중국인 같은 옛 문화민족을 '황색 악마'라 부르고 문화수준이 높을 뿐더러 능력도 탁월한 일본인들을 '원숭이'라고 부릅니다. 이런 견해를 가진 서양 사람들이 전세계를 돌아다니며 자기 나라에서는 감히 엄두도 못 낼 짓을 동양 사람들에게 저지르고 다닙니다. 그들은 이곳에 오는 순간 모든 구속에서 해방되었다고 믿고 있으며, 여기처럼 예의범절과 형식을 잘 지키는 나라도 없다는 것을 모르고 있습니다. 여행을 다니는 서양 사람들이 이곳에 오면 길 한가운데서 자신에게 방해가 되는 사람들을 옆으로 마구 밀치는가 하면, 호기심 때문에 허락도 받지 않고 이곳 사람들의 집 안에 들어가 기웃거립니다. 뿐만 아니라 이곳 사람들이 경건하게 침묵을 지키고 신발을 벗고 들어가는 사원에 더러운 장화를 신고 뛰어다니며 떠들고 소란을 피웁니다. 이런 장면을 볼 때마다 만약 아시아 사람이 자기 고유의 옷을 입고, 문화배경이 다른 외국에서 그와 같이 행동한다면 우리 서양 사람들이 뭐라고 할지 자문해보곤 합니다.

황인종이 위험한 게 아니라 우리 스스로가 위험을 자초하고 있습니다. 황인종이 위험하다는 것은 빌헬름 황제가 만든 말입니다. 이 말은 철저한 인류학적 연구결과가 아니라 순간적인 착상에서 나온 인종차별적인 견해입니다. 그러나 여기서는 아시아인 특유의 학교교육 덕분에 인종차별을 모르고 있답니다. 중국인, 한국인, 일본인은 서로가 같은 황인종이라고 생각하지 않습니다. 황인종이라는 말은 서양 학문이 아시아에서 가장 개명한 일본인들에게 가르쳐준 것입니다. 일본은 이 말이 자기네 정복 계획에 들어맞기 때문에 받아들여 활용하고 있지만, 그들의 이웃나라에서는 전혀 그렇게 이해하고 있지 않습니다.

제가 말한 이 모든 이야기가 당신에게는 놀랍겠지만 사실이 그렇습니다. 당신에게 보내는 편지에서 당신이 언급한 중국 여인 한 사람을 두고 장황하게 정치적인 문제로 확대시켜 말씀드린 점 용서하시기 바랍니다. 하지만 황인종의 위험이니 일본, 러시아, 중국의 정치니 하는 것이 여기 사람들의 일상적인 대화의 주제이니 만큼 멀리 있는 사람들도 그 문제에 관심을 가져야 한다고 생각합니다.……

## 사랑하는 부모님

**서울 1905년 1월 13일**

    황태자비의 장례식은 아무런 돌발 사고 없이 거행되었습니다. 장례식은 독특했답니다. 일본군 1개 보병대가 우리를 경호해주었습니다. 외교관들과 궁중의 관리들이 초대받아 황제에게 조의를 표했습니다. 황제는 환관들이 둘러싸고 있어 빠져나오지도 못하고 도시 근교에 있는 묘지에도 가지 못했습니다. 이날이 바로 잘더른 씨 생일이어서 저녁에 우리는 그의 집에서 유쾌한 시간을 가졌습니다. 제가 집에서 생활하는 모습을 찍은 사진 몇 장을 동봉합니다. 잘 나오지는 않았지만, 그래도 함께 살고 있는 우리 집 하인들의 모습을 대강 알 수 있을 것입니다.

    성탄절에는 손탁 여사 댁에 사람들이 많이 모였는데, 다른 나라 사람들이 너무 많아 그리 유쾌하지는 않았습니다. 에케르트 씨가 두 딸을 출가시켰답니다. 동생은 지난 12월에 공사관 서기와 결혼했고, 제가 한때 관심을 가졌던 언니는 유감스럽게도 프랑스인 교사와 약혼했습니다.

    저는 요즈음 공사와 가끔 만날 뿐 거의 은둔자처럼 살고 있답니다. 그와 함께 매일 말을 타며, 적어도 일주일에 세 번은 그의 집에서 식사를 같이 합니다. 공사는 아주 다정하고 학식도 풍부하여 문자 그대로 고상한 사람입니다.

    어머니께서는 제가 귀국할 때 필요한 여비 때문에 걱정이시지요? 염려 마십시오. 지금 떠나도 여비로 2,800마르크를 받아갈 수 있답니다. 그리고 9개월 동안 쉬어도 봉급이 계속 나오는데, 절반은 제 대리인이 갖고 나머

황태자비(순종의 첫 번째 비인 민씨)의 장례식 풍경

지 절반은 저에게 부치므로 매달 700마르크는 받을 수 있습니다. 뿐만 아니라 계약 만료일까지 6개월이 남아 있으니 그 사이에 독일에서 조건이 좋은 직장을 찾게 되면, 무슨 일이 있어도 귀국할 수 있을 겁니다.

원한다면 이곳에서도 군대에서 일할 수 있습니다. 군의관 쾨니히(König) 씨가 청도에서 제안했던 것처럼 해군에 들어가면 외국에서도 군에서 근무할 수 있습니다.

카를(Karl)은 공부 잘하고 있습니까? 저는 아직도 공부하고 있습니다. 다행히 저는 지금 영어와 불어를 유창하게 합니다만, 일본어와 한국어는 아직 잘하지 못합니다. 10년만 더 젊었더라도 외국에서 뭔가를 할 수 있지 않을까 생각합니다. 결혼도 할 수 있을 것이고 가정을 가진다면 훨씬 더 검소하게 살 테구요. 여기 와 있는 젊은 벨기에 공사관 서기와 부영사가 그렇습니다. 그들은 훌륭한 독일인 아내와 함께 살며, 놀랍게도 제가 쓰는 것보다 훨씬 적은 돈으로 더 잘살고 있습니다.

### 서울 1905년 2월 3일

지난번 편지는 우리나라의 포함 '일티스(Iltis)호' 편으로 보냈습니다. 그 사이에 황제폐하는 제가 유럽에 갔다 돌아오지 않을 거라 생각하시어 휴가를 못 떠나게 종용하셨습니다. 저와 황제 사이를 왕래하며 의사를 전달해주는 시종과 저의 의견이 일치하지 않았는데, 어느 화창한 날 저녁에 황제께서 저를 부르셨습니다. 그때 저는 휴가를 떠날 만반의 준비를 해놓았고 대리인도 구했기 때문에 취소할 수 없다고 설명해드렸습니다. 이에 황제도 수긍하시고 다음 날 2,000엔(4,000마르크)을 현금으로 보내주셨습니다.

이곳의 상황이 어떻게 변할지 아무도 모릅니다. 당분간 황제는 옥좌에 앉아 있을 것이며, 그동안은 아무도 저를 몰아내지 못할 것입니다. 계약은 3년 더 갱신되었으며, 만약 해고할 경우에 저에게 그만큼 보수를 주어야 합니다. 어떻게 될지 지켜볼 생각입니다.

대리인에 대해서 제가 아는 것이라곤 그가 올 것이라는 사실뿐입니다. 벚꽃이 한창일 3월에는 일본에 갈 수 있으면 좋겠습니다. 거기서 하와이를 거쳐 샌프란시스코와 시카고를 지나 뉴욕에서 독일 증기선을 타고 런던으로 갈 생각입니다. 샌즈 제독이 초대해주어 워싱턴에도 다녀올까 합니다. 또 뉴욕에서 미국 굴지의 생명보험회사인 '에퀴터블(Equitable)'의 수석 비서를 만날 생각입니다. 이 회사는 베를린에도 지사를 두고 있습니다. 이 사람 부인의 오빠와 저는 아주 친한 사이입니다. 만약 일본이 한국 황제를 폐위할 경우, 도쿄에서 정기적인 진료를 할 수 있는지 그에게 알아보려고 합니다.

트라헨베르크 하츠펠트 백작의 아들인 하츠펠트 씨는 슐레지엔 사람이며, 도쿄 주재 공사관에서 일하고 있는데, 최근에 도쿄에서 돌아가신 스크리바(Scriba)[45] 교수 대신 제가 일할 수 있느냐고 잘더른 공사에게 편지로 문의했다 합니다. 도쿄에 계시는 벨츠 교수에게도 이 문제를 어떻게 생각하시는지 편지로 물어보았습니다. 아이히베르크(Eichberg)에 있는 크리크 씨 댁에는 이 문제에 관해 말씀하시지 마십시오.


### 서울 1905년 3월 30일

…… 별다른 일이 생기지 않는다면 4월 말이나 5월 초순에 일본으로 건

---

45) Julius Scriba(1848~1905): 도쿄 대학 외과 교수이자 도쿄 누가병원의 병원장이었으며, 거기서 특히 전쟁외과와 위생제도에 공을 세웠다.

러일전쟁 직후 서울 시가지로 들어오는 일본군 행렬

너가려고 합니다.

러시아 사람들은 나날이 더 창피한 꼴만 당하고 있습니다. 이제 그들이 한국을 한순간이라도 손아귀에 넣을 가망성은 없습니다. 현재 전국에서 중요한 곳은 모두 일본인들이 확보하고 있는 중입니다. 이주자들이 대규모로 해변에 몰리고 있으며, 한국인들은 벌써 일본인들의 잡일꾼으로 전락했습니다. 그리고 많은 한국 사람들이 하와이나 멕시코로 이민을 가고 있습니다.

저는 착잡한 마음으로 도쿄로 자리를 옮겨볼까 생각하고 있습니다. 그곳 사교계는 활발히 움직이고, 각국 공사관들은 서로 일을 더 많이 하려고 다투듯 일하고 있습니다. 거기서는 집을 얻을 수 없어 우선 호텔에서 지낼 작정입니다. ……

## 서울 1905년 4월 9일

…… 오늘은 한국을 떠나기로 확정되었다는 것을 알려드리려고 몇 자 올립니다. 해약금으로 1만 6,800마르크를 받았고, 5월 1일부터는 도쿄에서 공사관 공의로 일을 시작합니다. 제 주소는 다음과 같습니다.

'Dr. Wunsch, Tokio, Japan, German Legation'

서울의 제 집은 벨기에 부영사한테 다달이 100마르크를 받는 조건으로 빌려주었습니다. 떠나기 전에 그 집을 4만 마르크에 팔고 싶은데, 원체 거액이라 살 사람이 쉽게 나타나지 않습니다.

이곳 실정에 불만도 많았지만 떠나려 하니 마음이 홀가분하지 않습니다. 사람은 편한 생활을 귀하게 여기고 좋아하게 되나 봅니다.……

밤 12시라 오늘은 이만 줄이겠습니다. 낮에는 공사와 함께 온종일 말을 타고 시골을 지나 산에 갔다왔고, 내일 새벽 4시 30분이면 제물포로 진찰하러 가야 합니다. 그리고 오후에는 황제를 알현하기로 되어 있습니다. 황제께서는 제가 떠난다는 명백한 사실을 아직도 잘 모르고 계십니다. 일본 공사와 해약문제 때문에 상의도 해야 합니다. 일본 사람들이 이 일을 완전히 맡아서 처리하면서 황실에는 물어보지도 않습니다. 이것만 미루어보더라도 한국 정부가 얼마나 비참한 상황인지 추측하시겠지요.

# 대한 제국과 고종 황제

조선국왕 폐하(퍼시벌 로웰 촬영, 1884년, 보스턴미술관 소장)

고종 초상(김규진 촬영, 1906년, 성균관대학교 박물관 소장)

대원수복을 입은 고종과 원수복을 입은 황태자 순종(무라카미 텐신 촬영)
(소장처 : 한미사진미술관, 한미사진미술관 소장 ⓒ한미사진미술관)

명성황후라고 추정되었던 사진
(소장처 : 한미사진미술관, 한미사진미술관 소장
ⓒ한미사진미술관)

고종 황제(1852-1919)

고종의 행차, 1897

고종과 대신들

# 대한 제국 시대의 백성과 삶의 풍경

어느 노인

양반의 자제

서울의 四小門 중의 하나인 동소문, 1910년경

흥인문(지금의 동대문)의 전경
1900년경

가마와 가마꾼들

# 분쉬 박사의 지인 독일어 학교 교사 볼리안

독일어 학교 앞에서 제자들과 함께한 요하네스 볼리안

요하네스 볼리안:
서울에 위치한 최초의 독일어
학교의 선생으로 재직 당시.
1907년 12월 28일

독일인 교사 볼리안의 결혼식

## 제2부
## 낯선 땅에서 보낸 나날들

## 교주호 선상에서

**1901년 9월 7일**

 급경사의 암벽 해안에 회색빛 석조건물이 눈에 띄었는데 신축중인 해양연구소 건물이라고 한다. 갑판 위의 난간에 기대어 저 웅장한 건물의 이름이며 지명을 림부르크 슈티룸 백작의 따님들한테서 들었다. 오후에는 경사진 암벽 해안에 위치한 제노바가 눈에 들어왔다. 멀리서 볼 때는 커다란 백색 덩어리로만 보이더니 가까이 다가가자 궁전이며, 집들, 산 위의 요새, 호텔, 항구의 배들, 경탄할 만한 부두 등이 선명하게 눈에 들어왔다. 우리가 탄 배가 천천히 항구에 들어서자 멀리서 자그마한 안내선이 항구에서 우리 쪽으로 다가왔다. 우리 배가 일으키는 파도 때문에 자그마한 안내선이 호두껍질처럼 흔들거렸다. 안내선이 바짝 다가오자 수부가 갑판 위로 올라오고, 우리 배는 안내선을 따라 원을 그리면서 항구에 들어섰다. 그때 남서향에서는 햇살이 쏟아지고, 서북쪽에서는 먹구름이 갑자기 피어오르더니 뇌우가 쏟아지기 시작했다.

 월요일 아침에는 일찍 케이블 카를 타고 볼터 씨 가족과 함께 제노바를 굽어볼 수 있는 높은 지대로 올라갔다. 아래로 멋있는 항구가 내려다보이고 계곡도 보였다. 올리브 나무와 사이프러스 나무로 뒤덮인 산 아래로는 캄포 산토(Campo Santo)가 시야에 들어오고, 고지대에는 요새가 많이 보였다. 항구는 활기가 넘쳤다. 도로가 특이한 모양새로 나 있었고, 궁궐에는 넓은 입구가 있었는데, 넓은 뜰과 정원도 훤히 보였다. 궁궐에 쓰인 재료는 대부분 대리석이었고, 열대식물들이 정원에 가득했다.

길거리에서는 먹음직스럽게 생긴 포도며 다른 과일들도 팔고 있었다. 길에 다니는 마차의 마구(馬具)는 질이 좋지 않은 것 같았다. 길에는 군인들도 많이 보였는데, 흰색과 노란 카나리아색 삼베로 만든 제복을 입고 있었고 중키에 체격이 좋아 보였다. 장교의 제복은 정말 멋있었다. 좁은 골목길에는 희거나 알록달록한 빨래들이 널려 있어 그림 같은 풍경을 연출했다.

아침식사는 배에서 하고 오후에는 일리스 씨, 뮐러(Müller)[1] 박사와 함께 캄포 산토에 갔다. 훌륭한 교회 광장에 아름다운 유물이 많이 있었다. 가장 아름다운 유물은 검은 대리석으로 된 교회 문간 층계에 있는 카푸치노 수도회 승려와 슬픔에 잠긴 여인을 새겨놓은 흰 대리석 상이었다. 그것은 아이디어도 좋을 뿐더러 묘사가 정교해 예술품으로서도 일품이었다. 레이스로 된 옷을 입은 환상적인 양식으로 다듬어진 여인이 죽은 남편의 침상 옆에 서 있는 모습은 자주 등장하는 모티프이다. 그리고 두 사람이 성문 앞에서 이별하는 장면도 종종 눈에 띄는 모티프이다. 조각품들은 대개가 매우 사실적이어서 죽은 사람이 어떤 고통으로 죽었는지 생생히 보일 정도로 표정이 선명했다. 예를 들면 한 남자의 부조상(浮彫像)을 보고 그 남자는 윗턱에 생긴 암으로 죽었음을 알 수 있었고, 부인은 무릎을 꿇고서 울고 있었는데 야채를 팔거나 고기를 파는 뚱뚱한 여인 같았다. 또 다른 곳에 있는 죽어가는 여인상도 매우 사실적으로 묘사되어 있었는데, 그 여인은 위궤양을 앓다가 죽었음을 한눈에 알 수 있었다. ……

우리 배는 화요일 아침 10시에 제노바를 떠나 이튿날 아침에 나폴리에 도착했다. 오후 4시까지 나폴리를 구경하고 밤에 다시 떠났다. ……

---

[1] 크리크 박사의 홍콩 병원에서 근무한 의사

조타실(操舵室) 쪽 갑판 위에는 의자들이 놓여 있고 산책을 할 수 있도록 통로가 넓게 나 있다. 그 공간은 길이가 50미터, 폭이 4미터 정도 된다. 내 뒤쪽으로는 바다가 비단이 구겨지는 듯한 소리를 내며 출렁거리고 앞에서는 광활한 쪽빛 바다가 저멀리 수평선에서 푸른 하늘과 맞닿아 있다. 갑판 왼편에서는 신사, 숙녀들이 편한 의자에 앉아 책을 읽거나 담배를 피우고 있고, 그 사이를 아이들이 활기차게 움직이며 놀고 있다. 남자아이들은 납으로 만든 장난감 병사와 종이로 만든 총알, 나무 막대기를 가지고 전쟁놀이를 하고 있고, 여자아이들은 인형을 조심스레 팔에 안고 전쟁놀이를 구경하고 있다. 오른쪽 살롱에서는 슈만의 가곡을 부르는 아름다운 목소리가 흘러나오고 몇몇 영국 여성들이 살롱 입구에 기대서서 독일 음악에 관한 대화에 열중하고 있다. 아이들이 떼를 지어 삼두마차식으로 편을 갈라 말놀이를 하면서 갑판 난간을 따라 뛰어다니고 있다.

배는 시속 15노트로 아무런 동요 없이 평화롭게 항진하고 있다. 갑판 아래쪽에서는 300명이 넘는 여객과 승무원 200여 명이 물에 뜬 이 거대한 호텔에서 잡다한 일들을 활기차게 하고 있건만 갑판 위는 이와 무관하게 아주 평온한 분위기다. 배에는 비상용 창고가 있는데 500명 이상이 적어도 6주간 먹을 수 있는 식량이 저장되어 있다. 냉장실은 항상 섭씨 영하 3도를 유지하고 있으며, 화물 수천 톤을 실을 수 있는 거대한 창고가 여러 개 있다. 매일 몇 톤씩 필요한 석탄이 창고에 충분히 비축되어 있다. 배에서는 배를 움직이는 기관실이 역시 심장부라고 할 수 있다. 이 배의 기관은 소음을 내지도 않고 엄청난 위력으로 추진기를 움직인다. 이 모든 것이 우리가 앉아 있는 갑판 아래에 들어 있다. 그 밖에도 식당이며 조리실, 미용실, 목욕실, 인쇄실, 세탁실, 다리미질 하는 방, 발전실 등이 있다. 이 정도로 설명하면 기선 내부시설이 얼마나 웅장한지 대강 짐작이 갈 것이다.

# 홍콩

**날짜 미상**

함부르크호를 타고 이른 아침에 안개 속을 지나 북쪽에서 입항했다. 항구에 중국 정크(Junk)선, 전함, 범선, 쾌속정처럼 건조한 멋진 기선 '중국황후(Empress of China)호' 등 많은 선박이 보인다. 높고 가파른 곳에는 짙은 안개가 끼어 있다. 우리는 푸르게 빛나는 두 섬 사이의 좁은 통로를 지나 높은 곳에 아치형 창문이 달린 4층짜리 건물을 지나왔다. 이 건물은 유럽의 우편취급 호텔이다.

집들이 계속 보이고, 창고며 큰 상점이 푸른 산록에 꽉 들어차 있는 것도 보인다. 산기슭에는 집들이 흩어져 있고, 꿈의 정원을 갖춘 아름다운 개인별장들도 있다. 전동(電動) 케이블카가 산 위로 다니고 있고, 작은 반도의 저편에는 창고와 선착장이 있는 항구가 보인다. 우리는 바로 이 선착장에 내리게 된다. 대륙의 산들은 헐벗었고 가꾸지 않아 엉망이다.

배 주위에 몰려든 중국인 노동자들이 무척 떠들어댔다. 나는 작은 배로 옮겨 타고 육지로 갔다. 뮐러 박사와 함께 게를라흐(Gerlach)[2] 씨의 사무실에 찾아가 의사 로르만(Rohrmann) 씨도 만나고 퀸스로드(Queensroad)에 있는 크리크 씨와도 통화했다. 크리크 씨는 한 시간 뒤에 산에서 내려오겠다고 했다. 그 사이에 우리는 퀸스로드를 거닐며 구경했다. 날씨가 점

---

[2] 홍콩에 와 있던 의사로서 크리크 씨의 동업자

점 더워진다. 우리는 시장을 구경했는데 매우 청결하고 수도도 연결되어 있다. 시장에서 달디달고 큼지막한 포도를 샀다. 중국산이나 유럽산 상품을 파는 훌륭한 상점들이 있었다. 길 양편에는 히르슈베르크에서처럼 정자들이 있는데, 중국 사람들이 그 속에서 거래를 하고 있었다. 좁은 길목에는 인력거가 많았다.

크리크 씨에게로 다시 발길을 돌렸다. 그의 사무실에 달린 대기실에는 대나무로 만든 가구들이 들어차 있었는데 미생물을 관찰할 수 있는 현미경을 놓아둔 탁상을 비롯해 모든 것이 정결했다. 접견실이 크고 시원했으며 육중한 책상이 놓여 있었다. 서재는 넓고 의료기구를 보관해둔 책장이 두 개나 있는 등 설비가 잘 갖추어져 있었다. 구석진 곳에도 방이 있었는데, 전등이며 가스 설비를 사용할 수 있고 잘 정비되어 있었다. 크리크 씨가 부인과 함께 왔는데 그 부부는 둥글둥글한 얼굴에 건강이 좋아 보였다. 나는 뮐러 씨와 일꾼 두 명과 함께 함부르크호에 있는 크리크 부인의 짐을 가지러 갔다. 뮐러 씨와 나는 한참을 수소문하여 아랍 범선을 한 척 빌렸다. 돌아와서는 크리크 부인을 하우프트(A. Haupt) 씨의 별장으로 모셔다 드리고 짐은 케이블카로 세 번에 걸쳐 산 위로 실어 날랐다. 그리고 나서 우리는 로르만 씨의 초대로 독일 클럽에 가서 식사를 했다. 식사 테이블에 영사도 나왔는데 분위기가 좋았다. 식사 후 나는 혼자서 산정까지 드라이브를 했다. 중국해(中國海)와 홍콩 항의 전망이 훌륭했다. 계곡 여기저기에는 홍콩 시민이 쓸 저수지가 보였고, 저수지 표식 장대에는 독일 국기가 게양되어 있었다. 나는 몹시 피곤하고 맥이 풀려 계곡으로 다시 내려갔다.

산 위와 산 아래의 기온 차이가 컸다. 산 위에는 찬바람이 불었다. 기선으로 돌아가 잠을 좀 자려 했는데, 창 밖에서 악단이 연주를 하는가 하면 하역작업과 적재작업을 하고 있어 잠자기는 글른 것 같아 옷을 갈아입었다. 볼터 씨 말에 따르면, 클레르헨(Klärchen) 씨가 편도선염을 앓고 있는데 뮐러 씨가 보기엔 디프테리아 같다고 말했다고 한다.

태풍경보가 내려졌지만 기어코 하우프트 씨 댁에 갔다. 즐거운 밤이었다. 그는 미혼 남성에게 안성맞춤인 멋진 집을 가지고 있었다. 횐케(Höhnke)[3] 부인의 안내를 받아 식사하러 갔다. 이 부인은 아주 활달하고 애교도 많은 편이다. 이 외에도 의사인 게를라흐 씨와 벤들렌(Wendlen) 씨, 뮐러 씨, 로르만 씨, 그리고 상인인 횐케 씨도 있었다. 하우프트 씨와 나는 식탁에 마주보고 앉아 있었다. 실컷 마시기만 했지 실속 있는 얘기는 별로 없었다. 하우프트 씨가 떠나는 사람들에게 송별사를 했고 게를라흐 씨가 새로 온 사람들에게 환영사를 했다. 나는 포도주를 몇 잔 마시고 나자 머리가 무거워지고 피곤해서 간단히 다음과 같이 말했다.

"나는 긴 연설은 하고 싶지 않습니다. 오늘 저녁에는 특히 그러합니다. 왜냐하면 제 친구 크리크 씨를 위한 송별회인 이 자리에서 크리크 씨와 저를 맺어주고 있던 동향인(同鄕人)이라는 마지막 끈이 끊어지기 때문입니다. 오늘 저녁 이 귀한 자리에 다른 손님과 더불어 저를 초대해주셔서 감사합니다. 풍치가 아름다운 지역에서 복스럽고 사랑스러운 사람이 태어난다는 말이 순수한 이론만은 아닌 것 같습니다. 홍콩이 낙원처럼 아름다운 곳이라는 사실은 의심할 여지가 없는 것 같습니다. 그리고 오늘 오신 손님들 대부분이 제게는 초면인데도 이처럼 친절하게 초대해주시고 진심으로 맞아주셔서 정말 감사드리고 싶습니다. 이 마음의 표시로 잔을 들어 초대해주신 여러분에게 축배를 드는 것보다 더 나은 일은 없겠습니다.……"

새벽 1시에 횐케 씨의 요트를 타고 우리 배에 돌아왔다. 아침인데 술 때문에 머리가 아프다. 이른 아침 폭풍이 이는데도 출항했다. 날씨가 점점 더 험악해진다.

---

3) 홍콩에 와 있던 상인으로 멜쳐스(Melchers) 상사 대표이자 덴마크 영사였다.

# 상해

### 1901년 10월 22일

볼터 씨와 함께 아침 일찍 시내에 갔다. …… 항구에는 배들이 들락날락하고 깃발을 단 배들도 요란하다. 독일 황후의 탄생일을 기념하려고 그런 것이다. 볼터 씨와 함께 독일 총영사관으로 가는 도중에 새로 지은 교회도 보고 하크만 목사도 만났다. 좌석이 300여 개 되는 아름다운 교회였다. 총영사관 복도에서 영사 부인을 만났는데, 볼터 씨가 그녀에게 말을 걸었다. 검은 머리에 몸피가 자그마한 영사 부인은 내 관심을 끌었다. 그리고 영사를 만나 이야기했는데, 우리가 가기 전에 영국 영사가 독일 황후의 생일을 축하하려고 들렀다고 한다. 크나페(Knappe)[4] 영사의 외모는 유태인이나 프랑스인 같았는데, 무슨 의문점이 생기면 단체사진을 집어올리곤 했다. 그는 거의 대머리에다 희멀건 흉터가 있고 검은 콧수염을 기른 체구가 작은 사람인데, 크고 예리한 갈색 눈은 칼데로니(Calderoni)가 그린 카이사르 같은 인상을 주었다.

볼터 씨가 한국의 항만교통에 관해 몇 가지 요망사항이 있어 대화를 주도했다. 볼터 씨는 또 27일에 있을 교회 헌당식에 어느 정도 희사해야 하냐고 물었다. 영사의 책상 위에는 크고 누런 고양이 한 마리가 누워 졸고 있었다. 그리고 맞은편에는 황제의 옆모습을 그린 초상화가, 그 오른편에는 비스마르크 재상의 초상화가 걸려 있었다. 영사는 한국 황제와 황실이

---

4) Knappe(1855~1909): 상해에 와 있던 독일 총영사로 대단한 영향력을 행사했다.

놓인 비통한 상황에 유감을 표했다. 영사를 만난 뒤 독일 클럽으로 가는 도중에 B씨를 만났다. 그는 헐렁한 제복에 훈장을 달고 생일파티에 가는 길이었다.

클럽 정원에서 마르틴 크리크(Martin Krieg)[5] 씨를 만났다. 오후에는 크리크 씨의 부인과 함께 승용차로 드라이브를 하고 강변을 산책한 뒤 정원에서 차를 마셨다. 저녁에는 크리크 씨 댁에서 식사를 했는데, 가구나 실내장식 모두 훌륭했다.

---

[5] 상해에 와 있던 상인으로 크리크 박사의 형제

## 포트 아르투르로 가는 배에서

**1901년 10월 23일**

　상해에서 차를 타고 항구에 정박중인 기선 닌구타호로 가는 길은 흥미로웠다. 하지만 기선의 갑판이 정리가 안 되어 있어 너저분했다. 다음 날 아침 출항했는데, 배가 몹시 지저분한 걸 보니 정원을 초과하여 표를 판 모양이다. 나는 볼터 씨 가족과 함께 선실로 들어갔다. 저녁에 파도가 일어 나와 볼터 씨를 빼고 나머지 일행이 모두 배멀미를 했다. 다들 식사도 못하고 구토하고 야단법석이었다. 우리 옆에 있던 두 여인은 이성을 잃은 듯한 행동을 했다. 고함을 지르고, 데굴데굴 구르고, 내 눈앞에서 반쯤 벗은 채 수치스럽게도 방뇨를 하기도 했다. 그 다음 날 아침에는 나도 몸이 불편하고 머리가 아팠다. 승객 중 네 명이 포트 아르투르로 갔다. 이들은 이 배 일등 서기관의 부인과 유태인 상인들이었다. 이들에게서 우리는 취푸와 포트 아르투르에 관한 기본적인 정보를 입수했다. 취푸 해안의 수영장은 상해의 상류층이 늦여름에 많이 찾는 곳이라 한다. 갑판 위에서 비단을 살 수도 있다. 6달러 주고 마직 옷을 샀다.

**1901년 10월 28일**

　취푸에 도착했다. 헐벗은 산, 정말 맛있는 포도. 저녁에 포트 아르투르에 도착했다. 어둠 속에서 기동훈련을 하는 러시아 전함을 보았다. 산 위에는 커다란 서치라이트 두 대가 켜져 있었는데, 돛대 위에서 불빛으로 전함에 신호를 보내고 있었다. 다음 날 아침에 산 사이로 좁은 해협이 나타났다. 만(灣)에는 선박들이 빽빽이 정박해 있어 공기가 혼탁하고 연기도 자욱했다. 꽤 높은 오른쪽 산 위에 있는 포대는 부두에 있는 큰 탱크와 총격 연습을 벌이고 있었다. 우리는 정오경에 겨우 해협을 통과했다.

  전날 저녁에 러시아 상인들에게 항구에 들어갈 수 있는지 물어보았는데, 항만청장이 술에 취해 있지만 않으면 가능하다고 대답했다. 그들은 사실대로 얘기한 것 같다. 항만청장은 다음 날 아침 10시 반이 되어도 나타나지 않았다. 먼지가 섞인 차가운 바람이 불어왔다. 우리 배는 내항(內港)으로 들어갔다. 오른쪽 가파른 산꼭대기에 요새가 구축되어 있었고, 산기슭에는 전함들을 훈련시키려고 설치해둔 표적과 대규모 석탄 창고가 있었다. 왼쪽에는 사격구가 갖춰진 막 쌓아올린 성벽이 있었다. 그리고 좁다란 곶 때문에 넓은 항만이 양편으로 나뉘어 있었다. 우리 배가 정박하고 있는 곳은 폭은 좁지만 수심이 깊고, 다른 한쪽은 아주 넓지만 수심이 얕아 준설기 몇 대가 흙을 열심히 파내고 있었다. 좁다란 곶에는 조선소가 있는데 보트 세 척을 건조하는 중이었다.

  풀 한 포기 자라지 않는 가파른 잿빛 고지에 자리잡은 도시의 일부분이 눈에 들어왔다. 천창이 있는 나지막한 회색 석조건물에는 아무런 장식이 없었다. 항구에는 러시아 선박회사의 큰 배 몇 척과 수뢰정, 그리고 중국 정크선과 삼판선(三板船)이 많이 보였다.

  우리는 오후에 육지로 올라갔다. 해안 바로 가까이에 화물이 산더미처럼 쌓여 있었다. 밀가루 부대가 집채만하게 쌓였는가 하면 석탄, 탄약, 가방이 무더기로 쌓여 있었는데 군인들이 지키고 있었다. 꽉꽉 눌러 쌓아올린 건초더미와 통조림 상자들 사이에 놓여 있는 시베리아 철도는 해안까지 뻗어 있었다. 우리는 선로를 따라 조금 가보았는데, 시내로 곧장 연결되어 있었다. 길은 무수한 인력거가 얽혀 있는 등 몹시 번잡했다. 말 두 필이 끄는 러시아 마차가 빠르게 달리고, 두세 마리 노새가 끄는 커다란 짐수레 사이로 사람들이 밀고 소리치고 먼지구름을 일으키며 뒤섞여 오갔다. 산 쪽에서는 중국 일꾼들이 길과 집을 축조하는가 하면 폭파작업을 하고 있었다. 작은 식당이 딸린 역사(驛舍)를 새로 지어놓았고, 플랫폼은 단단하고 잘 다듬어진 규암으로 짓는 중이었다. 그리고 증기압축기가 도로 포장석을 다지고 있었다. 세 갈래로 난 시베리아 철도 선로 위로 작지만 높다란 화물차가 몇 대 보였다. 열차는 매일 저녁 7시에 출발하여 3시간 뒤 대도시에 도착한다. 거기서 다시 아침 11시에 포트 아르투르로 떠난다. 모스크바에서 여기까지는 28일 걸린다. 이런 이야기들은 역장한테서 들었다. 사람들은 산을 빙 둘러싸고 이런저런 축조공사에 열을 올리고 있다. 암벽을 폭파하여 요새를 만들고 있는데, 먼지와 오물투성이가 뒤엉킨 거대한 공사장 같다. 우리는 먼지를 잔뜩 마시고 갑판으로 갔다. 내일은 시내로 가볼 예정이다.

식타스(Sictas & Co.)라는 상점에 들러 물건을 샀다. 길에서 마주친 사람은 군인뿐이다. 멋있게 차려입은 장교와 중국 일꾼이 뒤섞여 걷거나 교통수단을 이용하여 왕래하고 있다. 1시간 반 정도 시내를 걷는 동안 여자라곤 세 명밖에 못 보았다. 그래도 창녀는 많은 모양이다. 중국, 일본 혹은 유럽에서 온 창녀들은 돈을 많이 번다고 한다. 상인들도 아주 만족해 한다. 특히 식료품은 곱절이나 이윤을 보며 판다고 한다. 군납하거나 총독부에 납품하면 더 많이 이익을 볼 수 있다고 한다.

여기서는 개인적인 관계를 이용하거나 뇌물수수로 상상도 할 수 없는 일을 한다고 한다. 내가 여기서 들은 어처구니없는 얘기 두 가지만 예로 들면 이렇다. 한 해군장교가 기선이 침몰할 때 탑승자 전원을 용감하게 구출해 공로훈장을 받았다고 한다. 그런데 실은 그는 기선에 승선한 적이 한 번도 없을 뿐 아니라 그 배가 침몰할 위험도 없었다고 한다. 하지만 그가 훈장을 받지 않으면 안 되는 사정이 있었다. 그의 상관이 모스크바에서 배를 구입했다고 거짓으로 보고하여 대금을 이미 받았기 때문에 상관의 명령대로 그 가상(假想)의 배가 침몰한 것으로 조작했다는 것이다. 또 다른 경우는, 해안에 등대를 지어 운영하는 일로 15년 전부터 자금을 지원받아 왔으나 등대 축조에 전혀 손도 안 대고 있다가 뒤늦게 짓기 시작하여 다시 5년 걸려 완성했다고 한다. 그런데 축조하는 동안 날씨가 나빠 기초공사 축대가 유실되는 바람에 다시 짓느라고 거액이 들어갔다고 한다.

오후에 우리는 다시 육지로 올라왔다. 케겔 씨와 함께 도시의 동북부 고지를 오랫동안 산책했다. 그곳에서도 도처에 땅을 파헤쳐놓고 요새를 구축하느라 폭파작업을 하고 있었다. 우리는 이곳 산록에서 처음으로 나무를 볼 수 있었다.

## 서울

**1902년 2월 28일**

헐버트(Hulbert)[6] 씨와 오랫동안 얘기를 나누었다. 그는 《코리아 리뷰(Korea Review)》의 발행인이자 유명한 극동 보도원이다. 우리는 의료학교 설립에 관하여 이야기를 나누었다. 헐버트 씨는 한국 사람이 서양 사람보다 먼저 혈액순환의 원리를 발견했다고 주장했다.

비바람 때문에 황궁으로 들어가는 입구에 선 사람들이 모두 종이 비옷을 덮어쓰고 있었다. 내 앞에 가던 양반댁 부인들은 노란 지우장(紙雨裝)을 쓴 하인들을 옆에 거느렸는데, 한 하인은 너덜너덜한 흰 속바지가 보일 정도로 옷을 추켜올려 잡고 있었고 다른 하인은 우산을 들고 있었다. 궁정은 의식(儀式)이 예정되어 있어 분주하다.

**1902년 3월 8일**

지난 며칠 동안은 별다른 일이 없었다. 궁에서는 이임하는 벨기에 사람과 다시 돌아오는 일본 대신을 위한 향연이 이어지고 있다. 내 사무실은 조용하고 한기가 돌았다. 그곳에서 나는 거의 혼자서 지내고 있다. 고희경

---

[6] Homer Hulbert(1863~1949):1886년 선교사 및 교육자로 한국에 온 언어학자이자 사학자
[7] Ko Hui Kiang 또는 Ko Hui Kyung으로 표기되어 있는데, 서울 궁내부 관리였던 고희경을 가리키는 것 같다. —옮긴이

1900년대 초반 서울 아이들의 모습

(Ko Hui Kiang)[7] 씨가 나에게 한국 담뱃대 세 개를 선물했다.

**1902년 3월 12일**

　오후에 미국 병원에 갔다. 조수가 아주 친절했다. 여러 환자를 둘러보았는데 심한 화상을 입은 환자도 있었다. 이 환자가 화상을 입은 내력은 이렇다. 산파 두 사람이 환자가 난산하자 그녀를 도우러 시골로 내려갔다 한다. 산모의 질과 장이 파열되어 출혈이 심해 의식을 잃자 가마니에 눕혀놓았다 한다. 그런데 남편이 온돌방에 불을 너무 많이 지펴 큰 쟁반 크기 정도의 화상이 환자의 천골(薦骨) 부위에 생긴 것이다.
　이 환자는 세 군데에 손바닥 너비 정도로 화상을 입었고, 왼쪽 다리의 정맥이 심하게 튀어나와 있었다. 빈혈도 심하고 비쩍 말랐는데, 바닥에 더러운 이불 몇 장을 덮고 누리끼리한 똥물 속에 누워 있었다. 대소변에 푹 절은 붕대를 감은 남편은 작은 천조각으로 오물을 닦아내 접시에 담아 들고 우리 앞에 서서 이야기했다. 몸서리치는 악취가 났고 여인은 간간이 신음 소리를 냈다. 방의 벽지가 갈기갈기 찢어져 있고 창문도 군데군데 찢어져 있었는데 거기를 기름으로 얼룩진 종이로 덧발라놓았다.
　저녁에 바이페르트 씨에게 갔다. 정치에 관해 이야기를 나눈 다음, 어두운 남대문 거리를 함께 산보했다. 고운 가랑비가 내려 길이 미끄러웠다.

**1902년 3월 13일**

　지금은 저녁, 쥐죽은듯 조용하다. 때때로 천정에 발라놓은 진흙더미에서 흙조각이 마른 소리를 내면서 대나무 명석 위로 떨어진다. 멀리서 개

짖는 소리가 들리고, 밤안개가 어스름히 끼어 있어 달은 숨어버렸다. 밖은 칠흑같이 어둡다. 신문을 보다가 독일의 정치상황을 비판한 나우만(Naumann)[8]의 글을 읽고 흐뭇했다. 오후에 고희경 씨와 함께 오랫동안 병원문제를 협의했다.

### 1902년 3월 15일

오후에 뤼어스 씨 댁 유모 때문에 코고 씨 댁을 방문했다. 한국인 윤씨를 데리고 갔는데, 내가 그에게 영어로 말하면 그가 한국 말로 옮기고 다른 한국인이 코고 씨에게 일본 말로 통역했다. 절차가 복잡했다. 그리고 나서 헐버트 씨와 함께 고궁으로 산책 나가 병원이 들어설 부지를 둘러보았다.

### 1902년 3월 17일

어제 저녁에 P신부가 개한테 물려서 찾아왔다. 그 미친 개를 끌고 오라고 했으며, 토끼에 접종시험을 하기로 했다.

마리 숄한테서 편지를 받았다. 아주 상냥하고 사랑스러운 말로 용기를 불어넣어주어 아주 고맙게 생각한다.

오늘이 황태자의 생일이다. 접견실에서 하례객들이 황제를 알현했고, 이어 훌륭한 조찬을 대접받았다.

브라운(Brown)[9] 씨와 와다[10] 박사, 그 외 여러 사람들과 이야기를 나누

---

8) Friedrich Naumann(1860~1919): 독일의 정치가로서 1907~1918년 독일 의회의 대의원을 지냈다.
9) Sir John Mcleavy-Brown(1842~1926): 1893년부터 서울 주재 세관장을 역임한 영국인

었다. 마르텔(Martel)[11] 박사와 무용가 트뤼몰레(Trumolet) 여사는 서슴없이 사진을 찍었다.

바이페르트 영사와 함께 집으로 돌아왔다. 성문을 지나갈 때 왼쪽에서 1개 중대의 군인들이 '받들어 총'으로 경의를 표시하는가 하면 오른편에서는 한 군인이 소변을 보고 있었다.

집에서 김씨의 도움을 받아 토끼한테 공수병(恐水病) 접종을 했다. 바우만 씨와 뤼어스 씨가 찾아왔다. 그들과 함께 바이페르트 씨에게 갔다가 곧 에이비슨(Avison)[12] 박사를 만나러 미국 병원으로 갔다. 9시에 외부(外部)에서 리셉션이 있었는데 모든 부서의 대신들이 참석했다. 한국 악대가 에케르트 씨의 작품을 연주했다. 작곡가로서는 대단히 성공한 셈이다.

### 1902년 3월 18일

한국어 공부를 끝낸 뒤 탁지부 대신 이용익 씨를 만나러 궁중으로 들어갔다. 그가 여러 차례 사람을 보내 병원에 관한 제의를 해왔기 때문이다. 병원을 지을 넓은 부지를 사들였다면서 나더러 내일 병원에 관한 계획안을 제출하라고 한다. 궁에 들어갔다 오는 길에 에이비슨 박사에게 들렀다. 식사를 하고 휘황한 달빛 아래서 산보를 하다 정원 풀밭에 앉아 병원 설립이 성공리에 이루어지도록 하나님께 기도했다. 병상이 90~100개 정도 되는 병원을 설립할 계획인데, 거기에 필요한 조수와 건물 외에도 보조금으로 300엔을 받을 생각이다.

---

10) 해군으로 서울 소재 일본 병원에서 근무했다.
11) Emil Martel(1874~1949): 한국 정부의 위촉을 받아 1896년 서울에 프랑스어 학원을 개설했다.
12) 서울 주재 미국 병원의 원장을 지낸 앨런 박사의 후계자

## 1902년 3월 19일

고씨[13]가 내 편지를 번역해주러 낮에 왔다. 김익남 박사도 식사에 초대했다. 2시에 미국 병원에 가서 많은 환자를 진찰해 매우 피곤하다.

## 1902년 3월 20일

오늘은 춥고 바람이 많이 불었다. 새로 온 환자는 단 한 명뿐이다. 오후에 미국 병원에 갔다가 돌아오는 길에 P신부 때문에 뮈텔 주교를 찾아갔다. 나뭇가지를 베어 가져가려는 하인을 잡아 호되게 야단쳤다. 저녁에는 겐테 박사가 한국을 여행하면서 쓴 서한집을 읽었다.

## 1902년 3월 22일

의학잡지가 처음으로 도착했다.

## 1902년 3월 23일

퀴벨리에(Cuvelier)[14] 씨와 함께 사냥하고 왔다. 정아포 들판에 거위가

---

13) 분쉬 박사의 기록에는 Ko Hui Kan와 Ko Hin Sung이 등장하는데, 한국어로 정확하게 표기하는 건 불가능하며, '고씨'라고만 나오기 때문에 양자 중 누구를 가리키는지 알 수 없으나 Ko Hui Kan 씨는 '나이 많은 고씨'로 지칭되고 있다. 어쨌든 이 두 사람은 황실에서 역관(譯官)과 제관(祭官)직을 겸하고 있었다. - 옮긴이
14) Maurice Cuvelier: 1901년부터 서울에 온 벨기에 부영사

1900년대 초반 서울의 시장 풍경

많았다. 그러나 한 마리도 잡지 못했다. 돌아와서 인력거를 타고 미국 병원으로 갔다.

### 1902년 3월 24일

…… 상담시간에 무척 바빴다. 미국인 의사 카든(Carden) 씨가 아침식사를 하러 왔다. 그와 선교 의사의 봉급에 관해서 이야기했다. 그는 72파운드, 밸덕(Baldock)[15] 씨는 100파운드, 레가시아(Legasia) 씨는 150파운드, 그리고 제물포 선교회에 근무하는 그의 부인은 72파운드를 받으며, 에이비슨 박사는 연봉 300파운드를 받는다고 한다. 오후에 미국 병원 안에 있는 넓은 종합진료소를 방문한 뒤 궁중에 들렀다. 나이 든 고씨의 말에 의하면 탁지부 대신 이용익이 병원건물을 샀다고 하며 황제가 운영비로 매달 300엔을 주는 데 허락했다고 한다. 저녁에 바이페르트 영사한테 가서 그와 식사를 했다. 몹시 피곤하다. 일본 사람들과 영사도 아주 피곤한 모양이다.

### 1902년 3월 25일

수술 준비를 했다. 김 박사가 마취를 엉터리로 해놓아 환자가 깨어나는 바람에 다시 마취를 했는데 또 깨어나더니 이번에는 죽은 듯이 마취가 되었다. 앞가슴의 갈비뼈를 절개하여 농을 뽑아내고 드디어 수술을 끝냈다. 꿰맨 자리가 터져 출혈이 심해 압착붕대를 감았다. ……

---

15) E. H. Baldock: 영국 선교회의 의사로 1893년에 서울에 왔다.

정오에 미국 병원을 찾아갔다. 병원 약제실이 무질서하게 설계되어 있었고 놀라울 만큼 불결했다. 이질에 걸린 어린애가 발작을 일으켜 죽었다. 아이의 팔은 뻣뻣해졌고 눈도 왼쪽 위로 부릅뜬 채 죽었다. 이따금 팔이 꿈틀거렸다. 오늘 오전 진찰시간에 찾아온 환자에게 줄 약을 집에서 조제했다.

브라운 씨를 만났다. 그가 병원문제에 관심을 갖도록 유도해보았다. 그에게 모든 것을 털어놓자 호감을 갖는 것 같았다. 궁중에 들러 한 시간 동안 있다 바이페르트 박사한테 가서 병원문제를 의논했다.

**1902년 3월 26일**

탁지부 대신 이용익이 찾아와 병원설립 계획에 관해 이야기했다. 일본에 건너가 있는 한국 황자 소유의 가옥을 바이페르트 영사와 함께 둘러보았다. 그리고 나서 궁으로 들어갔다. 고씨의 말에 따르면 브라운 씨가 황제의 엄명을 기다리고 있다고 한다. 진찰시간에 일곱 명의 새로운 환자가 왔다. 오후가 되자 기진맥진했다. 나이 든 고씨와 병원에 관해 이야기를 나누었다. 문제의 가옥은 너무 멀리 떨어져 병원으로 쓰기에 부적당한 것 같다. 저녁에 뤼어스 씨가 제물포에서 왔다. 그와 포도주 한 병을 마시며 시름을 접어두었다.

**1902년 3월 28일**

성(聖)금요일이다. 할 일이 별로 없다. 낮에 젊은 고씨가 왔다. 고씨와 바이페르트 영사와 함께 자전거를 타고 나가 문제의 그 건물을 다시 한 번 둘러보았다. 날씨도 화창했고, 전체적으로 건물의 인상은 좋았다. 내가 살 집으로도 괜찮을 것 같다.……

저녁에 볼리안 씨, 뤼어스 씨와 같이 스카트 놀이를 했다.


**1902년 3월 29일**

김 박사와 함께 내번족(內 足) 수술을 했다. 바이페르트 영사 댁에서 에케르트 씨, 뤼어스 씨 가족과 함께 아침식사를 한 뒤 자전거를 타고 나갔다 왔다.

저녁에는 볼리안 씨 댁에서 이제 도착한 에케르트 씨 가족을 위한 만찬을 가졌다. 그 집 딸은 무척 상냥하고 쾌활하며 교양 있을 뿐 아니라 어리지도 않았다. 날씨가 아주 나쁘다.


**1902년 3월 30일**

서풍이 거세게 몰아쳤지만 아침식사를 하고 나서 일본군 병원을 지나 남산으로 올라가 산책했다. 내려다보이는 한강의 경치가 아름다웠다. 오후에는 겐테 박사의 기행문과 신문을 읽었다. 그리고 피리도 불어보았다.


**1902년 3월 31일**

…… 미국 병원을 방문해 다리에 심하게 화상을 입은 환자를 수술했다. 에이비슨 박사가 이 환자를 나에게 넘겨주었고 또 다른 환자도 봐달라고

1900년대 초반 한강 풍경. 빨래하는 아낙네들과 소를 가득 싣고 오는 나룻배의 모습이 이채롭다.

부탁했다. 항문 탈장 환자였는데 소독이 엉망이었다. 조수가 전혀 손을 대려 하지 않았다. 집에 돌아와서 요리사를 해고해버렸다. 무례해진 사환 녀석도 조만간 쫓겨나게 될 것이다. 궁중에서 하는 일은 지루하다. 겐테 박사의 저서를 읽었다. 그리고 나서 손탁 여사에게 점심과 저녁은 여사 집에서 들겠다고 말해두었다. 저녁 내내 오이켄(Eucken),[16] 플라톤, 아리스토텔레스의 저서를 읽었다.

## 1902년 4월 1일

진료시간은 적당했다. 고씨가 느지막이 찾아와서 황제를 알현한 결과를 전해주었다. 병원설립에 관한 내 계획을 있는 그대로 브라운 씨에게 얘기했더니 브라운 씨가 영국 총영사이자 공사인 조던(Jordan)[17] 씨에게 찾아가 영국의 비호를 받을 수 있는 군병원(軍病院)을 지을 수 있도록 궁중에 가서 주선해달라고 청원했다고 한다. 그리고 밸덕 씨가 이 병원의 운영을 맡기로 되어 있다고 한다. 이것은 야비한 짓이다. 탁지부에서 나에게 줄 돈은 없다고 하니 병원을 짓는 계획은 물거품이 된 모양이다. 정말 화가 나고 기가 꺾였다. 오후에 손탁 여사에게 갔다. 식사가 너무 늦어버렸다. 이용익 씨를 만나 병원문제를 다시 한 번 의논했다. 그리고 나서 바이페르트 씨에게 가서 모든 것을 얘기했다. 그도 어제 황제를 알현했는데 황제는 나에게 호의적이었다고 한다. 5시에 궁중에 들어가 고씨와 이용익 씨를 만나 의논했으나 소득이 없었다.

---

16) Rudolf Christoph Eucken(1846~1926): 피히테의 영향을 받은 신이상주의 철학자로 1908년에 노벨상을 받았다.
17) Sir John Nevell Jordan(1852~?): 1896년부터 서울 주재 영국 총영사를 역임했으며 1901년에 공사로 승격되었다.

## 1902년 4월 8일

하루 종일 일이 많았다. 에이비슨 씨가 나병환자를 나에게 보냈다. 저녁에 이용익 씨와 병원문제를 협의했다. 그가 여기서 45분 정도 걸리는 곳에 있는 황자가 살던 빈 집으로 이사하라고 제안했다. 그래서 그곳에다 병원을 짓는 데 쓸 돈을 받는다는 조건으로 수락했다. 저녁을 먹고 바이페르트 씨에게 가서 이 문제를 상의했더니 차라리 거기로 가지 않는 게 좋겠다고 했다.

## 1902년 4월 9일

몹시 피곤하다. 상담시간에는 할 일이 없었고 조수는 보수가 나쁘다고 파업하려고 했다. 고씨가 아침식사를 하러 왔다. 그와 다시 한 번 병원문제를 상의했지만 결과는 마찬가지였다. 저녁에 부모님께 편지를 썼다.

## 1902년 4월 10일

미국 병원에서 홍채(虹彩) 절제수술과 이에 따르는 광범위한 이식수술을 했다. 집으로 몇몇 환자가 찾아왔다. 황궁에서 황태자와 프랑스어로 이야기를 나누었다. 손탁 여사 댁에서 저녁식사를 하며 영사의 재판에 관해서 한참 동안 이야기했다. 라베크(Rabec) 씨와 그가 쏜 총에 맞아 죽은 중국인에 관한 얘기였다.[18]

---

18) 프랑스인 라베크 씨가 술에 취해 중국 경찰을 쏘아 죽여 금고형을 받았다. 그런데 프랑스 법

### 1902년 4월 19일

…… 저녁식사 시간에 흥미로운 이야기를 들었다. 손탁 여사가 궁중의 생활상에 관해 이것저것 알려준 것이다. 가슴이 퉁퉁한 여섯 살 난 황태자는 담배를 피울 뿐만 아니라 의심이 많아 무엇이든지 냄새를 맡아보고, 다른 사람이 먼저 먹어보아야 음식을 먹는다고 한다.

### 1902년 4월 22일

진료를 마친 뒤 제물포에 갔다. 거기서 동고개에서 온 케겔 씨를 만났다. 미국 공사 앨런[19] 박사를 방문했다. 그는 체구가 크고 멋진 회색 양복에 현대적인 와이셔츠를 입은 신사였다. 그리고 붉은 수염을 기르고 머리를 멋스럽게 가꾼 데다 코안경을 끼었으며 연한 회색빛이 도는 푸른 눈을 가졌다. 앨런 씨가 궁중에서 시의로 있었을 때 얘기를 해주었다. 그는 밤에도 종종 부름을 받아 입궐하여 나인들과 대화를 나누었다고 한다.

### 1902년 5월 10일

지난 몇 주일 동안 몹시 바쁘게 지냈더니 심신이 피로하다. 몸이 피곤한

---

에 따라 금고형 대신 벌금 내는 것으로 모면할 수 있었다. 그러자 벌금 액수를 정하려고 브라운, 귄츠부르크(Günzburg) 남작과 분쉬 박사로 이루어진 심의위원회가 구성되었고, 벌금은 275엔으로 결정되었다.

19) Horace N. Allen(1858~1932): 1884~1906년 사이에 2년 동안 워싱턴에서 지낸 것을 제외하고는 줄곧 한국에서 살았던 미국인. 1884년에 한국에 와 한 왕자를 치료해주어 서양 의학의 우수성을 황실에 알렸다.

것은 여러 손님들과 함께 여기저기 쫓아다녔기 때문이다. 5월 6일에 군의 학교의 바이(Bey) 씨와 예나(Jena) 중위가 도착했다. 아주 상냥한 사람들이다. 지난 7일에 내가 그들을 손탁 여사 댁으로 초대했는데, 음식도 맛있고 즐거운 저녁이었다. 하지만 다음 날은 완전히 지쳐버렸다. 8일은 서울-상동 간 철도 개통식이 있었다. 9일에는 슈미트(Schmitt) 양, 켐페너(Kempener) 씨, 코헨(Kochen) 씨, 볼리안 씨, 서울-부산 간 철도 일본인 역장과 함께 바이페르트 씨에게 초대받았다. 한국에 와서 제일 흥겨운 시간이었다.

### 1902년 5월 11일

퀴벨리에 씨와 산보하면서 한국에 일본인이 넘쳐나고 있다는 해묵은 주제를 가지고 얘기를 나누었다.

### 1902년 5월 17일

일요일이다. 오전에는 진료를 했다. 자전거로 서울-상동 간 철로변까지 소풍을 갔다. 뷔르다레(Burdaret) 씨, 드 라파이에르(de Lapayière)[20] 씨, 샌즈 씨, 세관장 페고리니(Pegorini) 씨, 볼리안 씨, 마르텔 씨, 에케르트 씨 가족이 참석했다. 대단히 유쾌했다. 에케르트 씨의 딸은 지나치게 천진난만하다. 저녁에는 집에서 책을 읽었다.

---

20) 1900년에 한국에 온 기사로 서울-의주 간 철도 부설 공사에 종사했다.

서울-상동 간 철로 주변으로 소풍간 분쉬 박사 일행

**1902년 5월 25일**

앨런 씨 댁에서 야회(夜會)가 있었다. 내 오른쪽에는 말그라 백작이, 왼쪽에는 패덕(Paddock)21) 씨, 그리고 맞은편에는 영국 영사가 앉았다. 앨런 씨가 바이페르트 씨에 대해서 아주 좋게 얘기했다. 일본 공사인 하야시22) 씨가 일본 해군 군의관인 와다 씨에 대해서 말했다. 중일전쟁 때 와다 씨가 해군에서 의료활동을 했다는 얘기였다.

**1902년 5월 28일**

궁의 남쪽 담을 따라 나 있는 공관 구역에서 가구상가로 통하는 도로를

---
21) Gordon Paddock : 1901년 미국 공사관의 비서로 제물포에 왔다.
22) 林權助(1860~1939) : 1888년부터 1892년까지 한국 주재 일본 영사로 와 있었고, 1899년부터는 공사를 역임했다.

폐쇄하자 각국 외교관들이 모두 나서서 항의했다. 결국 남쪽 길은 일방통행으로 남겨두기로 합의를 보았다. 정부가 그런 조치를 하려 한 것은 외교관들을 불신하기 때문이다.

### 1902년 6월 7일

오스트리아 전함 '마리아 테레지아(Maria Theresia)호'가 입항했다. 바이페르트 씨를 만나러 갔다가 사령관과 장교 두 사람을 알게 되었다. 서로들 친밀한 사이였으며, 해군 장교라기보다는 상선(商船)의 선장들 같은 인상이었다.

### 1902년 6월 8일

새벽 4시에 일어나 5시에 하인 오성금, 가터만(Gatermann) 씨와 함께 고궁을 지나 북서문(자하문) 밖으로 나갔다. 아침 공기가 상쾌했다. 신기한 식물들도 있고, 골짜기에는 아마(亞麻) 가공처리장과 제지공장이 있었다. 다음에 언제 가게 되면 사진을 찍어야겠다. 그 골짜기를 '용창' 혹은 '평총'이라 부른다고 한다.[23] 냇물 바닥에는 크고 납작한 화강암 덩어리가 환히 들여다보였고, 바위 위에는 큼직큼직하게 한자(漢字)가 적혀 있었으며, 물이 아주 맑았다. 아낙네들이 빨래를 하고 있었고 남자들은 김이 모락모락 나는 황회색 옷감을 볕에 바래려고 그들이 사는 집 옆에다 널고 있었다. 마을 주변에는 과일나무가 많았다. 길은 동네 밖으로 빠져나와 오른

---

[23] 지금의 평창동을 가리키는 것 같다. —옮긴이

옷감을 염색하는 것으로 추정되는 장면

쪽으로 두 번 굽어지더니 다시 좁아졌다. 나무꾼 세 사람과 같이 올라간 좁은 길은 황적색 모래언덕 너머 승가사(僧伽寺)로 나 있었다.

  가는 길은 그다지 힘들지 않았으며 경사도 완만했다. 풀이 거의 자라지 않은 곳도 있고 조금 자라난 곳도 있었다. 풍화작용을 받은 거친 화강암 조각이 널려 있었고, 북한산 서북쪽의 장대한 면모가 우리 앞에 나타났다. 승가사 앞에는 풀이 조금 보였고 야생 단풍나무가 한 그루 서 있었으며 좁다란 정원도 보였다. 계단을 몇 개 올라서자 작은 절 건물이 여러 채 나타났다. 제일 뒤에 있는 불상 앞 샘터에서는 쌉쌀하면서 시원한 샘물이 흘러나오고 있었다. 아침식사를 하려고 통조림을 꺼내 요리를 하고 있을 때 내가 치료한 환자 한 사람이 지나가다 나를 보고 깜짝 놀라는 눈치였다. 그와 함께 부처 입상 뒤에 있는 바위 사이로 흐르는 샘을 찾아갔다. 물을 조금 마셔보았는데 수질이 대단히 좋고 신선했다.

서울에서 5시에 출발하여 승가사에 7시 20분에 도착했다. 절 위쪽으로 5분 정도 걸어갔더니 수직으로 뻗은 화강암벽에 석조천개(石造天蓋)가 딸린 부처의 부조상(浮彫像)이 있었고 석조천개에는 청동종이 4개 달려 있었다. 부조상의 높이는 10m 정도였다. 거기서는 서울 시내 모습이 보였고 도시 한가운데에 프랑스 공사관이 눈에 띄었다. 아침식사를 하는 동안에 승려들이 우리 주위를 맴돌았다. 그들은 짧게 깎은 머리에 보통 한국 사람들이 입는 옷을 입었으며 인자해 보이는 얼굴이었다.

8시 30분쯤 절을 떠나려 하는데 한 젊은 승려가 길 안내를 해주겠다고 따라나섰다. 정말 진귀한 고산식물과 푸른색 붓꽃, 자그맣고 하얀 아카시아와 커다란 잎사귀가 달린 작은 참나무와 산포도 등이 있었다. 주변에 땔감이라곤 없었지만 여기저기 지게를 진 나무꾼들이 보였다. 그들이 지르는 괴상한 소리가 바위에 부딪쳐 메아리처럼 울려퍼졌는데 마치 스위스의 요들 같았다. 길은 가파른 암벽 위 높은 곳으로 나 있었지만, 아주 부드럽고 향기로운 바람이 북쪽 계곡에서 불어와 상쾌한 기분으로 그 힘든 길을 쉽게 지나갈 수 있었다. 남쪽 저멀리 나지막이 피어나는 구름 아래로 서울이 보였고 그 아래로는 넓은 한강과 굽이굽이 펼쳐진 누런 모래밭이 보였다. …… 가끔 뻐꾸기 울음소리와 구구거리는 비둘기 소리가 짙은 푸른색 하늘과 대비되는 거무튀튀한 암벽 사이에서 들려오는 것이 뵈클린(Böcklin)[24]의 그림을 연상시켰다. 북한산 계곡은 위엄 있는 천혜의 요새로서 산으로 둘러싸인 데다 산 능선을 따라 산성이 둘러쳐져 있다. 동북쪽에 있는 최고봉은 거칠게 갈라진 짙은 회색 화강암 덩어리였고, 북서쪽으로는 좁은 계곡에서 흘러나온 강줄기가 이어져 있었으며, 진달래와 자스민, 목련 등이 향기를 내뿜고 있었다.

---

24) Arnold Böcklin(1827~1901): 스위스 태생의 화가로서 독일, 이탈리아에서 활약했으며 불길한 비유화와 암울한 풍경화를 그려 19세기 독일 화가들에게 큰 영향을 미쳤다.

우리 곁에 바로 다가선 산 정상을 향해 올라가다 지붕을 올린 화강암 산성 성문에 도착했는데 문짝은 유실되고 없었다. 성문을 통과하자 가파른 화강암으로 둘러싸인 장쾌한 계곡에 도착했다. 왼편에는 흰옷 입은 나무꾼들이 몇 명 있었는데 소리를 크게 질러 아름다운 메아리를 만들었다. 오른편 암벽 구석에서는 문수봉(文殊峰)의 문수사(文殊寺)가 보였다. 승려들이 입구에서 10m 정도 떨어진 곳에 있는 높이 4m의 동굴 마당에 멍석을 깔아주고, 아주 깨끗하고 맑은 물을 건네주었다. 바깥은 찌는 듯이 더웠지만 그곳은 시원해 기분이 좋았다.

좀 쉬고 나서 하인들이 있는 곳으로 돌아와 인개 스님과 함께 좁고 험한 길을 따라 계곡 분지로 내려가 부왕사(扶旺寺)로 갔다. 그때가 바로 정오 독경시간이었다. 공양으로 밥과 물이 나왔다. 스님들은 향을 피우고 기독교 사원에서 미사를 올릴 때 소리를 내듯이 연달아 목탁을 두드리고 범종을 울렸다. 벽에는 아름다운 불화가 그려져 있었다. 서른쯤 들어 보이는 승려는 삭발하고 잿빛 승복에 붉은 장식용 현장(懸章)을 어깨에 걸치고 있었고, 등 뒤에는 노란색 수를 놓은 조그만 표식을 달고 있었다. 마당에 물레방아가 있었고, 그 옆 화강암 기둥에는 간단한 해시계가 그려져 있었다.

거기서 다시 중흥사(重興寺)로 걸어갔다. 작은 마을이 큰 절을 에워싸고 있었고 아름다운 개울이 있었다. 아낙네들이 빨래를 하고 있었는데, 우리들이 가까이 다가가자 도망갔다. 아래쪽 개울 위에는 정자가 있었고, 그 옆에는 흰 빛이 거의 없는 화강암 암벽이 있었는데, 거기에는 지붕 달린 기념비(부도)가 26개나 늘어서 있었다. 그래서 그곳의 인상은 전체적으로 교회마당 같았으며, 그 기념비에는 북한산 일대를 다스리던 벼슬아치의 이름이 새겨져 있었다. 우리가 가져온 통조림으로 절에서 점심을 해 먹고 잠시 휴식을 취했다. 그리고 나서 나는 한국 고유의 신발을 신고 1시 30분에 다시 떠났는데, 그늘이 지지 않아 더위가 지독했고 앞에 있는 화강암 덩어리는 위험스러워 보였다. 보배 스님이라는 부왕사 주지가 염불을 하고 난 뒤 우리를 따라와 백운대(白雲臺)로 올라가는 길을 가르쳐주었다. 백운대로 올라갈 때는 햇볕 때문에 완전히 지쳐 두 번이나 쉬어야 했다. 그런데 스님은 전혀 힘들어 보이지 않았고 내 옆에 서서 부채질까지 해주었다.

45분 정도 올라가자 그늘이 조금 있는 쉼터가 나타났다. 거기서부터 길은 아주 험한 낭떠러지가 있는 북서쪽 절벽을 따라 최고봉 사이에 있는 성문으로 뻗어 있었다. 거기서 조금 쉬고 마지막 봉우리로 올라갔다. 보배 스님과 하인 오씨가 나를 위해서 산정에 이르는 20m나 되는 길에 횡목을 놓아주었지만 현기증이 나서 더 이상 갈 수 없었다. 부왕사에서 거기까지 1시간 30분 걸려 올라갔다가 3시 15분에 백운대에서 하산했다. 4시 20분에 절에 들려 쉬었다가 5시에 자리를 뜬 뒤 계곡을 따라 내려가면서 서울까지 걸어서 8시경에 집에 도착했다.

인력거를 타고 손탁 여사에게 저녁식사하러 갔다. 기진맥진했고 오른쪽 허파가 아팠다. 가터만 씨는 잘도 참아냈다. 오씨는 도중에 우리와 헤어졌다. 산을 오르내리는 동안 내내 갈증이 심하게 난 걸 빼고는 이틀 동안 곤란한 경우는 없었다.

## 1902년 6월 11일

최근에 나와 학부 대신이 나눈 대화에서 아무런 소득이 없었던 것처럼, 오늘 샌더(Sander) 씨와 외부 대신 사이에서도 알맹이 있는 결과가 나올 수 없었다. 그것으로 인해 샌더 씨에게 불쾌한 일이 생길 것이다. 엄씨(嚴氏)[25]가 황후로 책봉될 것 같다.

**1902년 6월 15일**

　일요일이라 집에 있었는데, 바이페르트 박사가 감리교 교회에 가자고 오후에 나를 데리러 왔다. 우리는 칼뱅교 교회의 의식에 따라 주님을 기억하는 의미의 저녁식사 시간을 가졌다. 평신도 두 사람이 교인들에게 빵과 포도주를 나누어주었다. 바이페르트 박사와 산보를 한 뒤 정원에 나가 앉아 있었다.


**1902년 6월 19일**

　궁에서는 할 일이 없다. 전날에는 프랑스 공사관 공의 자리 때문에 프랑스 공사 드 플랑시(de Plancy)[26) 씨한테 다녀왔다. 트리농(Trinom) 씨가 연봉으로 1,200프랑을 주겠다는 제안을 했다.


**1902년 7월 13일**

　어제 저녁부터 장마가 시작되어 간간이 폭우가 쏟아졌다. 산마루 둘레에는 짙은 회색 구름이 걸려 있다. 종일토록 습기가 가시지 않아 증기탕에서처럼 피부에 땀이 배어 있고, 종이나 사진 등 모든 물건이 눅눅하다. 날씨 때문에 기분까지 아주 침울하다.

---

25) 순빈 엄씨(淳嬪嚴氏, ?~1911):1880년대에 태장군(太將軍)의 눈에 들어 시골에서 발탁되어 고종의 후궁이 되었다. 민비의 시샘을 사 여러 해 동안 서울을 떠나 살다가 민비가 죽고 난 후에야 궁으로 다시 들어왔다. 고종의 사랑을 받아 반려자처럼 지냈으며 뒤에 황태자로 책봉된 영친왕의 생모이기도 하다.
26) Collin de Plancy:1887년부터 서울에 와 있었으며, 1901년에 프랑스 공사로 승진했다.

금요일에 밸덕 씨가 일하는 영국 병원에 다녀왔는데, 모든 것이 아주 정결하고 질서정연해서 깜짝 놀랐다. 우리는 함께 여러 가지 수술을 했는데 한 가지 수술은 불가능하다는 결론을 내렸다.…… 그 외에 자잘한 수술들도 했다. 한 간호원이 융커(Junker) 기구를 이용해 마취를 아주 잘 시켰다. 밸덕 씨는 간호원을 세 명이나 데리고 있어서 모든 일이 정확히 처리되었다. 나는 부러운 마음을 애써 억누른 채 그의 병원에서 나왔다. 내가 그런 조건에서 일할 수 있다면 얼마나 좋을까. 밸덕 씨는 그런 여건을 갖추기까지 2년이 걸렸는데, 지금은 한국에서 9년째 보람 있게 지내고 있으며 그동안 별의별 환자를 치료했다고 한다. 앞으로 좀더 자주 그와 함께 일하기로 했다.

지난 며칠 동안 궁에서 내 의술을 별로 신뢰하지 않아 의기소침해져 있었다. 막내둥이 어린 황자가 숟가락으로 윗눈꺼풀을 찔렀을 때 한국인 의사들이 치료한 뒤 상처에 염증이 생겼다. 엄비는 생선가시가 목에 걸렸는데 쉽게 뺄 수 없었다고 한다.

**날짜 미상**

오늘 또다시 날씨가 무덥다. 아침 7시에 바이페르트 박사, 말그라 씨와 정구를 한바탕 치고 나서 진료를 시작했다.

볼리안 씨가 에케르트 씨 따님의 취직문제를 의논하려고 손탁 여사한테 찾아왔다.

## 1902년 10월 27일

…… 리스 교수와 얀손 교수가 바이페르트 영사와 나를 찾아왔다. 이 두 분은 일본에서 고향으로 돌아가는 길에 옛친구인 바이페르트 영사를 보러 온 것이다. 이분들은 20년 동안 대학교수로서 성공적으로 활약한 분들인데, '불가피한 일을 점잖게 참는' 슬픔과 체념이라는 특이한 감정에 빠져 있는 듯했다. 내 생각에 그들의 감정은 대학에서 직장을 잃었기 때문이 아니라 특이한 가족상황 때문에 생긴 것 같았다. 이 두 분은 일본 여인과 결혼해 가족이 있는데 일본에다 남겨두고 떠나야 했던 것이다. 어쨌든 나는 이분들을 아주 좋아하게 되었다.

궁중의 축제가 갑자기 봄으로 연기되었다. 혹자는 새로 지은 접견실 지붕에서 사람이 떨어져 죽어서, 혹자는 축제 준비를 제대로 마치지 못해서라고 한다. 내 생각에는 준비가 제대로 되지 않아서 그런 것 같다.

벨츠 교수와 상해에서 온 하크만 교수가 서울에 머물고 있다. 그런데 일본 황태후가 병에 걸려 벨츠 교수를 부르는 바람에 계획했던 한국 오지 여행은 연기해야 했다. 하크만 씨는 원산에서 오는 길에 금강산에 있는 절 몇 군데를 방문했다고 한다. 그와의 대화가 대단히 흥미롭고 자극을 주어 그와 만난 뒤부터 중국어를 배우기 시작했다.

9월 초순에 이탈리아 영사인 프란체세티 디 말그라 백작이 티푸스에 걸렸다. 내가 정성을 다하여 주의깊게 진료하고 간호사 웜볼드(Wambald) 양과 밀러(Miller) 양이 헌신적으로 간호했지만 그는 10월 12일 죽고 말았다. 그가 죽기 전 마지막 일주일 동안 나는 하룻밤도 조용히 잠을 잔 적이 없었다. 그의 생명은 가느다란 끈에 매달려 있는 셈이었다. 환자가 계속 토하고 설사했기 때문에 나흘 동안 식염수만 주사해주었다. 나는 어린애처럼 하나님이 도와주시기를 기도했지만 모든 것이 허사였다. 그날 한 젊은 외교관을 부르신 하나님의 뜻에 애통해하는 바이페르트 박사와 더불어

진지하게 대화를 나누었다. 바이페르트 박사는, 사람은 누구나 완성되면 완전히 익은 과일처럼 하나님의 부름을 받아 죽는다고 생각한다고 말했다. 그리고 내가 치료해도 성과가 없어 우울해하자 하나님이 나를 걱정시키고 고통스럽게 하심은 나를 위해 내린 시련이며 심적 정화작용이라고 했다. 나는 전능하신 하나님이 나처럼 무의미한 개체를 개선하기 위해 굉장한 수단을 사용하시는구나 하고 생각했다. 하나님이 대단한 성과를 가져다주고 도와주기를 바라는 나는 허영심이 너무 많은 것 같다.

10월 26일 어제는 콜브란 씨의 초청을 받아 K에 있는 캠프에 갔다. 벼와 조가 듬뿍 자란 들길을 네 시간 동안 자전거를 타고 가는 것은 힘든 일이었다. 곡식이 누렇게 익은 들판에서 가을의 정취를 느꼈다. 이 풍성한 자연을 보고 있노라니 이토록 값진 자연의 보고가 무릎에 떨어져 있는데 사람들은 왜 그냥 내버려두는 걸까 하는 의문이 점점 커진다.

길은 때때로 아주 험했으며 돌과 물웅덩이가 가득한 길은 졸졸졸 흐르는 실개천 때문에 계속 오르락내리락 이어져 있다. 드디어 멋진 계곡에 자리잡은 절에 도착했다. 물이 풍부한 개천이 초원을 흘러가는 소리가 들렸다. 계곡에 있는 언덕 한가운데에 콜브란 씨 가족이 천막을 쳤다. 여자들을 위한 천막, 식사할 수 있는 천막, 남자들을 위한 천막, 그리고 부엌용 천막을 각각 하나씩 쳤다. 이 모든 것은 아주 쓰기 편하게 설치되어 있다. 땅바닥에는 두꺼운 카펫을 깔았다. 요리사와 하인들이 콜브란 씨 가족을 도와주었다. 엽총으로 무장한 한국 사냥꾼 열 명이 들짐승 사냥을 했다. 사냥꾼들의 장비는 좋았지만 결과는 좋지 않았다. 다음 날 아침 다시 거기에 나가보았더니 패덕 씨가 총으로 노루를 잡았지만 산양은 한 마리도 못 잡은 것 같았다.

축음기를 들판에 내놓고 흑인영가를 틀자 한국 사람들이 몰려들었다. 여성들은 산책이나 그림 그리기, 사냥을 즐겼고, 남자들은 잠을 자거나 담배를 피우거나 사냥을 나갔다. 산에는 활엽수와 침엽수가 뒤섞여 다채롭

엽총으로 무장한 들짐승 사냥꾼들

게 단풍이 들어 가을 자연의 아름다움을 만끽할 수 있었다. 콜브란 부부와 그들의 두 아들과 딸, 졸리(Solly) 부인, 콜브란 씨 기사인 던햄(Dunham) 씨와 그의 부인은 2주 전부터 거기 와 있었고, 패덕 씨와 라파이에르 씨, 부르다레(Bourdaret) 씨, 엘리엇(Elliot) 씨가 나중에 찾아왔다.

 던햄 씨가 티푸스에 걸린 것 같아 서울로 이송해야 한다고 지시했다. 기분 좋게 오후를 보내고 4시에 집으로 출발했다. 돌아오는 길은 몹시 힘들었다. 나는 자전거 페달을 힘차게 밟아 한 시간 전에 말을 타고 떠난 엘리엇 씨와 부르다레 씨를 따라잡았다.

 7시에 손탁 여사 댁에 가서 저녁식사를 했다.

## 1902년 11월 6일

　지난 일요일에는 베베르 씨 가족과 함께 왕비의 묘지에 갔다. 한국에 와 있는 외국 사람 가운데 티푸스에 걸린 사람이 생겼다. 콜브란 씨 아들과 던햄 기사, 레미옹(Rémion)[27] 씨가 전염되었다. 이 세 환자들 때문에 근심스러웠고 할 일이 많았다. 바라건대 누구도 불행한 말그라 씨의 운명을 닮지 말기를.
　오늘 저녁에 서울 동부에서 불이 났는데 그때 마침 나는 정원 언덕에 있어서 불타는 아래쪽 광경을 목격할 수 있었다. 도시는 안개와 연기로 뒤덮여 한두 개의 불빛만 깜박거릴 뿐이었다. 멀리 안개 속에 검붉은 빛이 어렴풋이 보이고 그 위로 맑게 빛나는 별이 보였으며 멀지 않은 곳에서 종소리가 처량하게 들려왔다. 그 소리는 일본 영사관에서 일정한 간격으로 울리는 화재경보였다. 거리에서는 서로 신호하는 경찰관의 호각 소리가 요란스러웠고, 멀리서 개 짖는 소리가 들렸다. 그 외 나머지는 모두 깊은 적막 속에 빠져 있었다.


## 1902년 11월 8일

　어제 저녁에 콜브란 씨가 티푸스에 걸린 아들 때문에 나에게 찾아와 상담했다. 그가 밸덕 씨나 내가 진료해줄 수 있느냐고 묻길래 나는 밸덕 씨를 잘 알고 있으며, 내일 그를 찾아가겠다고 했다. 밸덕 씨를 콜브란 씨 집에서 만나려고 미리 다음과 같은 편지를 썼다.

---

[27] 한국 황실에 들어와 있던 프랑스 사람으로 도자기 전문가

친애하는 밸덕 씨에게

콜브란 씨 댁에 티푸스가 발생하여 그 집에 진찰하러 가려고 합니다. 당신을 만나고 싶은데 몇 시에 가능한지 알려주시겠습니까? 그 집에 가기 전에 병력(病歷)을 얘기해드릴 수 있도록 미리 뵈었으면 좋겠습니다. 저와 함께 진료하러 가주신다면 콜브란 씨 내외분이 굉장히 좋아하실 겁니다.

얼마 뒤에 답신을 받았는데, 그날 나와 함께 진료하러 갈 수 없다는 내용이었다. 그래서 나는 그에게 찾아가 혹시 편지 내용이 분명하지 않거나 불손하게 표현되지는 않았는지, 혹은 나에게 감정이 있는 것인지 물어보았다. 밸덕 씨는 전에 자신이 콜브란 씨 댁 주치의였는데, 내가 그 자리를 빼앗았기 때문에 갈 수 없으며, 한국 정부가 나 같은 사람을 들여놓아 과거에 공을 세운 의사의 생계를 위협하는 것은 부당하다고 주장했다. 그리고 내가 자기 환자들을 진료하는 것도 옳지 않다고 했다. 이 말에 나는 어느 환자가 그의 환자인지 모르겠다고 했더니 들어서 알 수 있지 않느냐고 말하기에 앞으로는 서로 의논해 고려하겠노라고 대답했다.

아무튼 그는 지금부터 경쟁자가 한 사람 더 있다는 것을 계산에 넣어야 할 것이며, 그 경쟁자와 공존하는 방법을 찾는 게 현명할 것이다. 내가 그에게 진료를 해주는 가족들과 분명히 계약을 했느냐고 묻자 마침내 그는 우리가 지금까지 일해온 대로 하자고 했다. 이제 나는 가끔 그와 함께 일할 수도 있고 상의도 할 수 있을 것이다. 그리고 나는 그에게 콜브란 씨 댁에 진찰하러 가는 것을 어떻게 생각하느냐고 묻고 이렇게 설득했다. 만약 콜브란 씨가 부탁했기 때문에 가고 싶지 않다면, 나의 동료로서 같이 가줄 수 없느냐고 했다. 그랬더니 저녁에 나와 함께 가서 진단을 확인해주는 등 분별 있게 행동했다. 하지만 크리스틴 콜브란(Christine Collbran) 씨는 티푸스로 죽었다. 끔찍한 일이었다. 어느 부인이 유산했다고 해서 거기에도 달려갔다.

지난주 금요일 저녁 7시 직전에 처음으로 황제를 진찰해보았다. 이 일은 추측컨대 베베르 씨와 통역관 주씨가 알선해주었기 때문에 가능했던 것 같다. 창호지를 바른 미닫이문으로 둘러싸인 전깃불이 켜진 큰 방에 흰옷을 입은 황제가 알록달록한 융단보로 덮인 작고 둥근 탁자 뒤에 앉아 있었다. 황제는 계속 가쁜 숨을 몰아쉬며 코와 입을 위로 훌쩍거렸고 담배쌈지만하게 입을 열고 있었다. 황제의 양옆에는 '라운드 북(Round Book) 16호' 난로가 하나씩 있었는데, 굉장한 열을 내뿜고 있었다. 방의 옆벽과 뒷벽 역시 창호지를 바른 미닫이문이 달려 있었는데 호기심 많은 시녀들과 환관들이 가끔 열어보다가 내가 그쪽을 쳐다보면 조용히 문을 닫았다. 황제 옆에는 찌그러진 얼굴에 뼈대가 튀어나온 무지하게 보이는 환관이 서 있었고, 주씨가 프랑스어로 통역했다.

얼마 뒤 황태자가 들어와 황제 옆에 섰다. 황제가 황태자더러 나에게 무언가 말하라고 했다. 그런데 황태자가 곧 알아듣지 못하자 환관이 그의 소매를 잡아당기면서 공손한 태도를 취하라고 귓속말로 일러주었다. 내가 "어떻게 지내십니까?" 하고 묻자 황태자는 어색한 태도로 나에게 몸을 돌려 입을 쫙 벌리더니 호박구슬을 입 속에서 이리저리 굴렸다. 황제도 역시 입에 호박구슬을 넣고 굴려댔다. 황제와 황태자의 치아가 시커멓고 상태가 좋지 않아 보여 황태자의 치석을 치료하는 게 어떠냐고 제안했다. 나는 황제의 맥을 짚어보아야 했다. 처음에는 왼쪽, 나중에 오른쪽을 짚는 게 이곳의 상식인데 내가 한쪽만 짚어도 충분하다고 설명하자 모두들 좀 의아해 하는 것 같았다. 나는 황제에게 체온계로 열을 재는 게 좋겠다고 했고 털로 된 내의를 입으라고 했다. 궁에서 돌아오는 길에 손탁 여사 댁에서 베베르 씨의 따뜻한 영접을 받았다. 그는 내가 황제를 진료했다고 하자 축하해주었다. 내가 황제를 진료할 수 있도록 이들이 주선해주었다는 것을 나는 잘 알고 있다.

궁을 나설 때 궁에서 권세를 부리고 있는 이용익 대신이 창문 옆으로 지나가고 있는 것을 보았다. 그는 미닫이문 틈으로 가끔씩 드러나는 황제의 모습을 볼 때마다 몸을 숙였다. 몸을 굽히는 모습이 성체성소(聖體聖所) 앞에서 몸을 굽히는 가톨릭 의식을 연상케 했다. 하지만 불이 환하게 켜진 방에 있는 황제가 어두운 바깥을 지나가고 있는 대신을 볼 수는 없지 않겠는가?

## 1902년 12월 5일

지난 며칠 동안 이용익이 중심이 된 정치적 사건이 여러 가지 발생했다. 이용익은 황실의 바닥난 금고를 채우려고 백성을 극단적으로 착취하고 억압하는 조치를 취해 종당에는 폭도들의 위협을 받게 되었다. 지난 일요일에는 모든 대신이 황제에게 진정서를 내 이용익을 파면하고 엄비를 모독한 죄과를 물어 탄핵하라고 건의했다. 황제가 대신들의 요구를 받아들이지 않자 대신들은 궁을 에워싸고 밤을 새려고 임시건물을 몇 채 지었다. 황제는 대신들의 주장에 증거가 불충분하다는 이유로 귀가시켰다. 이러한 조치는 이용익이 베베르 각하와 러시아 공사관의 도움을 받았기 때문에 가능했다.

일요일에는 날씨가 몹시 궂었는데도 러시아 공사관 뒤에 있는 절로 가는 행렬이 있었다. 그 행렬이 러시아 공사관과 영국 공사관 담 사이로 난 좁고 긴 언덕바지로 올라갈 때 이용익은 행렬에서 이탈하여 우연히 열려 있는 뒷문을 통해 러시아 공사관으로 피신해 오늘까지 거기에 머물고 있다. 월요일에는 러시아 공사관에서 일하는 통역관과 코사크인의 비호를 받으며 대담하게도 손탁 여사 댁에 놀러오기까지 했다. 모두들 그가 살아 있어서 기뻐했다. 월요일까지도 일본 사람들은 이용익이 어디에 있는지 몰랐는데, 하야시 씨는 이용익이 손탁 여사 댁에 있으리라 생각한다고 바이페르트 박사에게 말했다고 한다.

한국의 대신들은 황제에게 진정서를 또다시 보내 이용익이 황제를 모독하는 발언을 한 것은 묵과할 수 없다며 이용익을 처형해야 한다고 주장했다. 세간에서는 이용익이 엄비를 황후라고 불러서 대신들이 분노했다고 한다. 우리들 생각으로는 아첨 정도로 보이지만, 한없이 복잡하고 섬세한 한국인들은 죽을 짓을 한 대역죄로 받아들인다.

이 문제를 판정하는 데 신중을 기하려고 이 사건을 신문에 게재했는데, 대신들은 사적인 감정 때문에 이용익을 탄핵하라고 했다. 주중에 일어난 모든 일은 이용익을 파면하는 것으로 마무리되었고, 이용익은 영장(營將) 직위만 유지할 수 있었다. 대신들 대부분이 사표를 제출해 국사의 기능이 마비되었다. 황제는 사흘 전부터 축제의식에 참여하고 있다. 이 의식은 끝이 없다. 내일 12월 6일에는 엄씨를 엄비(嚴妃)로 책정하는 의식이 거행될 예정이다.


### 1902년 12월 22일

그 사이에 이용익은 사면을 받았지만 지난 일요일에 스타인(Stein)[28] 씨의 비호를 받으며 제물포로 가서 러시아 전함에 승선했다.

일본 사람들의 행동은 지난 몇 주일 동안 어느 때보다도 도전적이었다. 일본 군인들은 시내에서 온갖 불법행위를 하는가 하면 소란을 피우고 궁 앞에서 집단폭동을 일으키기까지 했다. 이용익이 러시아 공사관으로 피신하여 숨어 있다는 걸 알고도 아무 말도 하지 않았던 일본 대표부의 외교적

---

28) E. Stein: 러시아 공사관의 2등 서기관으로 서울에 왔다가 1903년에 참사로 승진하여 파블로프(Pavlow)의 후임자가 되었다.

인 조용한 태도와는 달리 내면에서 깊이 들끓고 있다는 징후가 나타난 것이다. 그런데 일본 정부의 대변인은 오늘 신문에 이용익이 책임 있는 직위에 다시 기용되는 것을 원치 않는다고 발표했다.

어제 프란체세티 디 말그라 백작 부인이 도착했는데, 저녁에 조던 씨와 자기 딸을 데리고 와 아들에 대해 몇 가지 물어보았다. 인상도 좋고 기품 있게 생겼지만 좀 신경질적인 중년부인이었다. 딸은 많이 울었던 모양이다. 그녀는 남동생이 오래 앓고 있는 동안 설명할 수 없는 영적(靈的) 관계와 예견으로 아주 초췌해졌다고 한다. 그리고 남동생이 재발하기 전 상태가 좋아졌을 때 그가 죽는 꿈을 꾸었다고 한다. 그녀는 굉장한 인텔리 여성이었다. 그 모녀와 함께 호텔에서 9시부터 11시까지 죽은 말그라 백작의 아들에 관해 얘기했다.

오늘 아침에 백작 부인의 딸이 와서 죽은 백작의 병상일지를 달라고 해서 건네주었다.


### 1903년 1월 30일

정월은 한달 내내 개인진료 때문에 바빴다. 저녁에는 대개 초대를 받거나 베베르 씨 가족과 느긋하게 즐거운 시간을 보냈다. 베베르 씨와 얘기하면 아주 유쾌하다. 부인이 재치는 있었지만 너무 피상적이라는 느낌을 지울 수 없었다.

크리크 씨가 전보로 홍콩에 있는 자기 병원을 나에게 인계하고 싶다고 전해왔지만, 거절하는 편지를 썼다. 이곳에서도 무언가를 이룰 수 있으리라 희망한다. 비록 그 희망이란 것이 아주 미약한 것이지만.

어제와 오늘은 몇 시간 동안 척석구포(擲石臼砲)를 쏘고 불꽃을 터뜨렸다. 지금 한국과 중국은 설이다. 아이들이 고운 때때옷을 입고 돌아다닌다. 길은 말할 수 없이 질척질척하고 더러워 세 발자국만 디뎌도 고무 밑창이 빠질 지경이지만, 사람들은 친절하고 유쾌해 보인다. 오늘은 어느 집이나 문이 활짝 열려 있고 사람들이 서로서로 방문하고 술을 한껏 마신다.


**1903년 2월 10일**

 동묘(東廟) 부근 큰길가에 있는 방역소를 찾아갔다. 이 건물은 6년 전에 고종 황제의 권고로 세워졌고, 도(道)마다 이런 방역소가 있다. 정부지원금은 연간 3,700원이며, 관리가 8명이고 소장이 1명 있다. 접종은 종일토록 실시한다. 한국 사람들은 일본 사람들에게서 혈청 만드는 방법을 배워 항상 혈청을 만들고 있다. 그들은 작은 대롱에서 혈청을 뽑아내 위팔에다 세 군데 접종한다.
 정부지원금 3,700원에서 2,000원은 봉급으로, 1,700원은 접종소 유지비로 나간다. 환자한테는 30전을 받는다. 원래 접종은 무료라야 할 것이다. 일주일 후에 혈청 제조에 참여해달라는 초청을 받아 J씨와 같이 갔다. 놀랍게도 모두가 혈청 제조법을 잘 알고 있었고, 꽤 위생적으로 처리되고 있었다. 방역소 사람들이 시장에서 송아지를 사와 털을 잘 깎고 씻어 정식으로 송아지에서 제대로 혈청을 뽑았다. 그곳 관리가 차와 과자를 내왔는데, 차는 구정물처럼 형편없었다.


**1903년 2월 27일**

 방역소에서 다시 초대를 받아 송아지에서 어떻게 혈청을 뽑아내는지 구경했다. 모든 것이 썩 잘되었다. 이번에는 연구소 소장도 현장에 있었다.

동묘 부근에 있던 방역소인 한성종두사(漢城種痘司) 정문

한성종두사의 박진성 소장(가운데). 박 소장 뒤로 사람들이 송아지에서 혈청을 뽑아내고 있는 모습이 보인다.

소장은 회색 수염을 길게 길러 위엄 있어 보였고, 멋지지만 때가 좀 묻은 비단옷을 입은 키 큰 남자였다. 그의 이름은 박진성이라고 한다. 우리는 아주 어색한 분위기에서 차를 마셨다. 나는 그에게 당신도 황제의 시의인데 왜 여태껏 서로 한 번도 만날 수 없었냐고 비난조로 물어보았다. 그는 대단히 미안하다고 말하고 내 나이가 몇인지, 독일에서 시의로 지낸 적이 있었는지 물었다. 나는 우리나라에서는 한국에서처럼 그렇게 쉽게 시의가 되지 않으며, 무엇을 좀 하려면 열심히 배워야 한다고 말했다. 그는 또 오랫동안 공부를 했을 테니 의약품에 대해서 잘 알지 않느냐고 현명한 질문을 했다. 한국에서는 의약품을 아는 것이 무엇보다 중요하며 병 그 자체는 부차적이다. 소장과 접종소에서 사진을 찍은 뒤 서로 방문하자고 약속하고 헤어졌다. 그는 나에게 다른 시의도 소개해주겠노라고 했다.

오후에 동대문 쪽에 나가 오랫동안 산보했다. 성벽에 어린애 시체 삼십여 구를 걸어놓았길래 사진을 찍었다. J씨와 나는 무덤으로 뒤덮인 언덕을 돌아다니다 개가 파헤쳐놓은 무덤에서 두개골을 몇 개 발견했다. 가져오고 싶었지만 이목이 두려워 그러지 못하고 아래턱뼈만 하나 가져왔다.

황제가 며칠째 심한 감기에 걸렸는데, 돌팔이 의사들만 그를 에워싸고 있다. 황제는 나를 알은 체도 안 한다. 그래서는 안 되는 모양이다.


### 1903년 3월 2일

어제 저녁에 클럽에 들렀는데 미중논(Mi Jung Non)[29] 장군이 스트렐비츠키(Strelbitsky) 씨 소유의 대지를 사지 않았다는 이야기를 들었다. 스트렐비츠키 대령은 7년 동안 한국에서 러시아 무관으로 근무했는데 이제 자

---

29) 알파벳 표기만 보아서는 우리말 이름을 정확히 알 수 없다. ─옮긴이

서소문 앞에 있던 분쉬 박사의 집

기네 나라로 돌아간다고 한다. 저녁식사 때 베베르 씨가 대지 가격이 3,750엔 정도라고 하길래 스트렐비츠키 씨를 곧장 찾아가 오늘 오후에 그의 대지를 샀다. 그 땅은 서소문 앞에 있는데 높직한 곳에 멋지게 자리잡은 커다란 정원과 집 두 채와 마구간이 하나 있다. 바이페르트 박사가 건물 전체가 매우 잘 가꾸어졌는데도 값이 그다지 비싸지 않으니 사라고 했다. 땅을 사려고 한 것은 한국 사람들과 선교사들한테 매이고 싶지 않을 뿐더러 개인적으로도 집과 땅을 갖고 싶어서였다.

### 1903년 9월 20일

제물포에 사는 뤼어스 씨 댁에서 초대를 받았다. 비스마르크후작호가 도착해 항구에서 예포를 쏘았다. 잘더른 씨와 그의 사촌들과 함께 차를 타고 돌아왔다. 집에 혼자 있다. 아름다운 저녁, 끝없는 고독감, 버림받은 존재…… 내가 이렇게 생매장당해 지내리라고는 생각도 못했다. ……

## 1903년 9월 26일

한국 황제의 생일이다. 이른 아침부터 비가 내려 습기가 많다. 늘 그래왔듯이 한바탕 법석을 떤 끝에 황제를 알현할 수 있었다.

지난 주에는 클라라 비비히(Clara Viebig)[30]의 《아이펠(Eifel)의 아이들》, 《라인 강의 파수꾼》, 《예술이여, 만세》와, 도스토예프스키의 《악령》을 읽었다.…… 그리고 피셔(Visher)의 책도 한 권 읽었는데, 무신론자인 나도 종교적 감성을 느낄 수 있었다. 사람은 자기 존재를 인식하면서 살 때 인생의 풍요로움을 가장 많이 느낄 수 있다. 인간은 남을 잘 돕고 선량하기 때문에 고귀하며, 정신이 분명하기 때문에 예술가이며 사상가이다. 세상은 인간에게 행운을 결코 호락호락 허락하지 않으니 재빨리 포착해야 한다. 불운이 덮치기 전에 행운을 훔치든 가로채든 해야 하는 것이다. 정적(靜寂)과 밤을 사랑하는 불행이 살그머니 자신을 뒤쫓고 있음을 알아야 한다. 순결을 잃는 것이 부끄러움을 잃는 것은 아니다. 그렇지 않다면 결혼이란 파렴치한 일일 테니까. 수치스러운 마음을 포기한다면 이상(理想)을 악마에게 던져주는 것과 다를 바 없다.[31]

---

30) Clara Viebig(1860~1952): 자연주의 작가로서 가난하고 억압받는 사람을 위해서 사회비판적인 작품을 썼다. -옮긴이

31) 분쉬 박사는 매일 일어나는 사건을 일기에 간략하게 기록하는 틈틈이 자신의 개인적인 생활 여건에 관해 상술하고 있는데, 결코 희망적인 견해가 아니었으며 "무익하게 사는 것은 빨리 죽는 것과 같다"라고 표현한 적도 있다. 분쉬 박사는 한국에 있는 동안 한국인들이 많이 찾아오는 외래환자 진료소를 설립하는 데 성공하여 모든 사람들에게 인정을 받았다. 1946년 편집자(클라우젠-분쉬)는 한국에 있을 때부터 분쉬 박사와 잘 알던 부영사 나이(Gottfried Ney:1874~?, 러일전쟁 말기에 한국에 와 있던 독일 공사관 서기로 1905년에 부영사가 되었

**1903년 10월 6일**

오늘 오후에 손탁 여사가 혁명이 일어날 가능성에 대해서 얘기했다. 요리사를 쫓아내버려 요사이는 계속 손탁 여사 댁에서 식사를 하고 있다. 저녁에도 혁명이 일어날 것이라는 소문에 대해 이야기했다. 머리가 빨리 돌아가는 사람들은 귀중품을 챙겨 짐을 꾸린다.


**1903년 10월 7일**

상악동(上顎洞)을 닦아냈더니 고름이 많이 나왔다. 외과 관계 책에서 축농증에 관한 부분을 읽고 완전히 낙심했다. 대부분이 완치될 수 없다고 한다. 잘돼가는군!
저녁 때 궁에 들어갔는데 일본에서 고씨가 돌아와 있었다. 모두가 조용했다. 공사에게 갔다. 전쟁에 관한 소문이 나돈다. 여기서 지내던 하츠펠트 백작이 일주일 전부터 포트 아르투르로 떠나려 하고 있다. 일본인들이 상륙했다고 한다. 일본은 러시아에 10월 8일까지 만주에서 철수하라고 최후 통첩을 보냈다. 물론 러시아인들이 물러날 리 없다. 그렇다면 전쟁이 일어날 것인가?

---

다) 씨와 서신 왕래를 했다. 그에게 분쉬 박사가 서울과 그 근교를 찍은 무수한 사진에 대해 설명을 듣기 위해서였다. 그는 분쉬 박사의 딸에게 이런 답장을 보냈다.
"당신 아버지는 아주 보기 드물게 좋은 분으로 모든 사람에게 곧바로 호감을 얻었고 인간관계가 좋았습니다. 금테 안경 속에서 빛나는 선량하고 진실된 그분의 눈빛을 나는 아직도 잊을 수 없습니다. 나는 가끔 그분의 초라한 외래환자 진료소를 찾아가곤 했는데, 그를 믿고 찾아온 불결한 한국인 환자들을 한사람 한사람 헌신적으로 끈기 있게 대하는 것을 보고 정말 감복했습니다. 당신 아버지는 한국인들이 가진 선입견과 미신에 맞서 싸워야 했습니다. 당신 아버지 밑에서 오랫동안 조수로 일했던 우리 공사관 통역관 이씨가 나에게 '독일 의사한테서는 외과수술을 받는 게 낫고, 한국 의사한테서는 내과치료를 받는 게 좋겠습니다' 라고 한 당신 아버지의 말을 기억합니다. 어쨌든 당신 아버지는 한국의 수도에서 가장 인기 있는 독일 사람이었습니다."

## 1903년 10월 14일

　혼란스러운 공포가 지나갔고 이제는 비교적 평온한 편이다. 지금으로서는 전쟁이 일어나지 않을 게 거의 확실하다. 휴즈(Hughes) 선장한테서 어제 영국이 한국에 보호령을 내리고 싶어한다는 이야기를 들었다. 몇 주 전에 이 문제로 베네트(Bennet) 씨와 기차 안에서 토론했다. 지난 8월 11일에 이탈리아 국왕이 나에게 마우리티우스와 라차루스 종단의 훈장을 전달해주었다. 이런 일이 있으리라곤 상상도 못했기에 매우 놀랐다. 12일은 프란체세티 씨가 죽은 지 1년이 되는 날이다.

　지난해는 공포스러운 1년이었다. 올해 들어서도 놀랄 일들이 몇 가지 있었다. 베르토(Bertaux)[32] 씨의 작은아들이 이틀 동안 열이 나 체온이 거의 39~40도까지 올라갔다. 베르토 부부는 뇌막염(腦膜炎)이 아닌가 생각했지만 내가 보기에는 위장병이었다. 아이는 헛소리를 했고, 아이 어머니는 내 목을 부둥켜안고 입맞추며 도와달라고 간청했다. 이런 야단스런 행동이 신경을 건드려놓아 대수롭지 않은 병이라는 확신이 들었지만, 에이비슨 씨와 같이 진료하겠다고 얘기해 겨우 안심시킬 수 있었다. 다음 날 모든 것이 잘 되었다.

## 1903년 10월 20일

　오늘 서울-부산 간 철도 개통식이 예정되어 있는데 나는 몹시 피곤해 기차는 같이 타지 않기로 했다. 퀴벨리에 부인이 아들을 낳아서 새벽 4시가 지나서야 잠자리에 들었다.

---

32) Fernand Bertaux : 서울에 와 있던 프랑스 부영사

**1903년 10월 21일**

  진료시간은 적당했다. 잘더른 씨 댁에서 조던 씨, 하야시 씨와 저녁모임을 가졌다. 일본 정부는 1901년 4월 한국 해안에 무선전신소를 설치하려고 한국 정부의 승인을 받고자 했지만 좌절되었다. 1902년에 다시 시도했으나 한국 정부가 거듭 거절했다. 그런데 한국 정부는 그 시설을 설치하지 않았다. 그리고 그 뒤 어느 나라에도 그 일을 맡기지 않았다.……

**1903년 10월 22일**

  하야시 씨 댁에서 아침식사를 했는데 아주 좋았다. 그와 브라운 씨는 서로 오랫동안 이야기를 나누었다. 하야시 씨는 인간미가 넘치는 말투로 한국의 앞날을 얘기했다. 하야시 씨에게 내 직위와 의무에 관해 어떻게 생각하는지 말해보라고 했더니 그는 내가 직접 병원을 운영해야 한다고 대답했다. 나는 그 문제에 대해서 더 이상 이야기하지는 않았다. 그가 말하길 영국 선교사 병원이 재정난으로 문을 닫게 될 거라고 했다. 정말 안타까운 일이다.

**1903년 10월 24일**

  이하영(李夏榮) 씨 땅과 우리 집 입구 사이에 담을 쌓다가 한국 사람들과 옥신각신 싸웠다.

## 1903년 10월 28일

손탁 여사는 이근택(李根澤)으로 하여금 인기를 얻게 하려고 시도하고 있다. 이근택은 유력한 남자들을 아침식사에 초대하고, 그의 부인은 귀부인들에게 저녁식사를 대접한다. 그는 새로 부임한 러시아 공사관 소속 무관으로서 매우 지적이고 열성적이며, 그의 부인은 그보다 더 지적이다. 델레비뉴(Delevigne)[33] 씨가 러시아의 발전에 관해서 얘기했는데, 일반적인 병역의무 체제에 관한 것이었다. 러시아 사람들은 일본이 포항과 부산을 손아귀에 넣으려 한다고 믿고 있다. 일본인들이 그곳 민중을 선동하여 자기들의 자문이 필요하게끔 만들 것이라 한다. 러시아 공사관의 수석 통역관이 하야시 씨에게 파블로프(A. Pavlow)[34] 씨의 보고서를 복사하여 건네주고 그 대가로 돈을 받았다고 한다.

고씨가 궁중생활 가운데 재미있는 일화를 들려주었다. 환관들에게만 둘러싸여 교육을 제대로 받지 못하고 선생도 없이 자란 막내 황자가 일본인들이 사는 곳이 남산 정도 떨어진 곳이냐고 물어보았다 한다.

서울–의주 간 철도를 일본인 두 명과 한국인 한 사람이 접수했다고 델레비뉴 씨가 전해주었다.

## 1903년 11월 8일

바로 일주일 전, 그러니까 일요일 밤에 황제의 앞니가 하나 빠져 큰 소동이 일어났다. 그날 밤 나는 케겔 씨 송별연에 참석하고 있었는데 궁으로

---

33) 한국 주재 벨기에 공사관의 2등 서기관으로서 한국 정부에서 번역사 및 통역관으로 일했다.
34) 1899년 이래 한국 주재 러시아 공사를 역임했다.

불려갔다. 새벽 2시에 내가 궁궐 앞에 다달았을 때 손탁 여사 댁에서 편지를 한 통 전해 받았다. 바로 그 소식이었다. 그래서 도움을 줄 수 있는 미국인 치과의사에게 전보를 보냈고 화요일에야 그가 황제를 진료할 수 있었다. 그 의사는 사기질 치아를 만들어 금죔쇠로 붙였는데, 나는 금죔쇠 만드는 과정을 유심히 지켜봤다. 치과의사는 황제의 입 안에 씻지도 않은 손을 넣어 휘저으면서 '폐하' 혹은 '황제 폐하'라고 말을 붙였다. 다 만들어진 두 개의 이빨 가운데 하나가 꼭 맞았다. 이빨을 끼워맞추는 데 시간이 오래 걸렸다. 황제는 놀라울 정도로 멍청해 보였다. 황제는 일본 천황도 미국인 의사의 치료를 받는다는 소리를 듣고는 그 의사에게 1,000엔을 지불했다. 그리고 나에게 독일에서 치과의사를 데려오라고 제안해 그렇게 하려고 한다.

### 1903년 11월 18일

치과의사를 초빙하는 건을 계약했다. 나이 많은 고씨가 그 일을 위해 직접 힘쓰고 여러모로 도와주었다.

### 1903년 11월 20일

차머(Chalmer)[35] 씨 댁에 초대를 받아 브라운 씨, 조던 씨, 쿡 양, 차머 씨의 여자형제들, 그리고 세계일주 여행을 하는 어떤 사람과 함께 파티를 열었다. 인도, 캐시미르, 티베트, 중국 등 여행지에 관해서 얘기를 나누었

---

[35] 영국인으로 서울에서 세관업무의 전권을 위임받아 브라운과 함께 일했다.

다. 브라운 씨와 조던 씨도 아시아의 여러 곳을 잘 알고 있었다. 영국인의 관심이 세계 도처로 뻗어 있다는 것은 누구나 아는 사실이다.

**1903년 11월 21일**

잘더른 씨 댁에서 저녁식사를 했다. 식사하기 전에 그는 자기가 사귀는 일본 여인을 내게 소개해주었는데, 상냥하고 몸치장도 잘하고 옷도 잘 입은 여인이었다. 잘더른 씨가 그의 하인에게 그녀와 함께 하룻밤을 보내고 싶다는 뜻을 통역해달라고 부탁했다. 그 말을 전하자 그녀는 얼굴을 붉히며 밖으로 나가버렸다.

**1903년 11월 22일**

손탁 여사가 나에게 새로 채용될 치과의사로 하여금 계산서를 위조하여 1,000엔을 남겨 고씨에게 주라고 했다. 그러나 그것은 고씨가 원하는 바가 전혀 아닐 뿐더러 비열한 짓이다. 이 일을 잘더른 공사와 의논해야겠다.

**1903년 12월 24일**

어제 일본과 러시아의 정치적 관계를 불안하게 만든 일이 생겼다. 남산에서 크리스마스 축제가 있었는데, 손탁 여사, 마르텔 씨, 델레비뉴 씨, 볼리안 씨, 혈청소 소장 박씨와 내가 참석했다. 다른 사람들도 그랬겠지만 나도 속으로 대단히 긴장했다.

**1904년 1월 1일**

  1903년에서 1904년으로 넘어가는 섣달 그믐날 저녁에는 쾌적한 내 집에서 혼자 시간을 보냈다. 기분이 무척 좋은 가운데 편지를 쓰고 바그너(Wagner)의 인간관계에 관한 글을 읽었으며, 한국 주재 벨기에 영사의 딸인 뱅카르(Vincart) 양에게 줄 시를 앨범에 적어넣었다.

  그리고 지난 한 해 동안 나를 안팎으로 도와주시고 은혜로운 손으로 인도해주신 하나님께 엄숙한 마음으로 감사드린다고 세초에 써본다.

  황제의 양모가 앓아 누워 알현이 갑자기 취소되었다. 낮 12시와 저녁 9시에 신년인사를 하려고 클럽으로 갔는데, 미국 전함과 영국 전함의 장교들, 클럽의 여러 회원들이 새해 인사차 모여 있었다.


**1904년 1월 3일**

  전쟁이 날 것이라는 소문이 돈다. 제물포에 미국인 75명이 상륙했다. 그들은 자기네가 쓸 발전소를 서울에 설치했다. 영국인들은 경비에 만전을 기하고 있다.

## 러일전쟁에 관한 《쾰른 신문》의
## 기사를 중심으로 쓴 일기

**1904년 1월 1일**

  동아시아 정세에 관한 중대 보도가 있었다. 러시아와 일본 사이에 곧 전쟁이 발발할 것이라는 사실은 의심할 여지 없다. 이 사건의 상황에 대해서 매호마다 기사를 취급할 것이다.
  글래스고(Glasgow)와 하노버(Hannover)에서 교육받고 있는 일부 일본 장교들이 곧 소환될 것이다.

**1904년 1월 5일, 한국발 보도**

  서울-의주 간 철도 부설권을 일본인들이 얻게 되었다. 프랑스인들은 돈 한푼 못 썼고, 러시아 사람인 귄츠부르크(Günzburg)[36] 남작은 서면으로 거절당했다. 일본은 한국과 협상하기 전에 미리 사람을 보내 철도공사를 그들이 맡을 수 있도록 공작해 놓았다.

**1904년 1월 6일**

  제물포항에 러시아 함대 두 척이 정박해 있고, 영국 순양함 두 척과 미국 순양함 한 척 역시 이 위기가 지나갈 때까지 머물 것이다.

---

[36] Gabriel Günzburg : 1902년에 한국에 와 러시아의 이해관계를 대변한 러시아인

**1904년 1월 7일**

 프랑스와 독일 군대도 자기네 공사관을 보호하려고 상륙할 것이라는 서울발 보도. 독일은 러시아 편이며 일본에 동조하고 있는 영국과는 적대적인 상태이다.

**1904년 1월 19일**

 서울에서 흘러나오는 갖가지 소문으로는 손탁 여사와 이용익 대신이 중요한 역할을 한다고 한다. 어쨌든 이 두 사람은 러시아를 지지하는 태도를 취하고 있다.

**1904년 1월 23일**

 각국 공사관은 그들을 보호해줄 군대를 주둔시키고 있다. 일본은 서울 근교에서 사열식을 거행한다. 러시아·영국·일본·미국 공사는 특수한 전권 위임을 얻어내려고 황제를 알현하고자 한다. 황제가 번번이 알현을 거절하는 것은 놀라운 일이 아니다.

**1904년 2월 3일**

 황제는 각축하는 여러 외국 세력에게서 중립성을 인정받으려 노력하고 있다.

**1904년 2월 9일**

 일본과 러시아의 관계가 단절되었다는 보도가 있다. 포트 아르투르에서

1차 해상전이 있었다. 일본이 선전포고도 없이 적대행위를 시작했다.


**1904년 2월 11일**

  친일쪽 논조의 상세한 기사가 신문에 게재되었다. 제물포에 대한 기사로 일본이 식민지를 개척할 능력이 있음을 부각시키고 있다. 마이어 상사가 들어가 있는 건물에 관한 기사도 실려 있는데, 그 집은 산 위에 아름답게 자리잡고 있어서 찾아오는 사람들에게 좋은 인상을 준다. 또한 한국인이 특히 좋아하는 호박(琥珀) 수입에 대해서 보도하고 있다.


**1904년 2월 17일**

  황제의 생각이 급변했음을 알 수 있다. 여태까지는 친러적이었으나, 지금 그는 완전히 일본에 의지하려고 한다.


**1904년 2월 18일**

  시베리아 우편 연락이 봉쇄되었다.


**1904년 2월 21일**

  독일 황제는 요코하마와 청도에 있는 독일 야전병원을 일본인과 러시아인 모두 사용해도 좋다고 허락했다.

# 서울

**1904년 1월 6일**

　저녁에 앨런 박사 댁에 초대받아 갔다. 내 오른쪽에는 브라운 씨, 왼쪽에는 미 해군 장교, 조던 씨와 그의 참모가 앉았고, 저쪽 멀리에는 뱅카르 씨 가족과 콜브란 씨 내외, 그리고 또 한 명의 미국인 장교가 앉아 있었다. 푸근한 저녁 한때였다. 미국 점령부대 사병 36명과 장교 4명이 미국 공사관에 투숙했다. 장교들은 아무도 지적으로 보이지 않았으며 근거도 없이 허풍을 치고 호언장담을 했다.

**1904년 1월 9일**

　저녁에 볼리안 씨와 델레비뉴 씨가 우리 집에 와 브라운 씨 댁에서 열릴 음악회를 대비하여 플루트와 바이올린 연주 연습을 하고 갔다. 영국 공사관 경호부대가 도착했고, 이탈리아와 러시아도 자기네 공사관을 보호하려고 군대를 보내왔다.
　일본 전함들은 나가사키에 집결하였고, 러시아 전함들은 포트 아르투르에 집결했다. 러시아 공사관 비서실의 통역관은 달천(혹은 달네천)에서 살다 러시아 공사관으로 옮겨갔고, 서울 주재 러시아 무관인 포타포프(Potapoff) 씨도 손탁 여사 댁으로 옮겨갔다. 손탁 여사는 온수 난방장치 조립기사인 슈토이더(Steuder) 씨를 자기 집으로 데려가 독일 국기를 만들어 그에게 주었다. 볼리안 씨와 나는 에케르트 씨의 따님이 만들어준 국기를 갖고 있다.


### 1904년 1월 11일

저녁에 잘더른 씨 집에서 잘더른 씨와 함께 도쿄발 전보를 해독했다. 일본이 최근에 요구한 것에 러시아가 만족스러운 답을 주지 않을 경우, 일본은 선전포고도 없이 최소한 2개 사단을 한국에 투입할 것이다. 러시아는 모든 러시아인을 공사관으로 모이게 했다.……

저녁에 이탈리아 수비대의 사령관과 함께 모나코(Monaco)[37] 씨에게 갑자기 초대를 받았다. 다들 전쟁에 대해서 말이 많았다. 파블로프 씨가 익살을 부리며 일본인을 경멸하길래 내가 하야시 씨는 괜찮은 사람이라고 생각한다고 말하자, 그도 하야시 씨가 성실한 사람이라는 사실은 시인했다.……


### 1904년 1월 13일

밸덕 씨한테서 수술을 받은 영국인이 상처 부위가 파상풍에 감염되어 죽었다.

---
37) Attilio Monaco: 1902년에 서울 주재 이탈리아 공사로 왔다.

## 1904년 1월 14일

　오늘은 공사를 찾아갔다. 헐버트 씨가 외국인을 배척하는 내용의 전단이 한국 국민에게 배포되었다는 소문을 퍼뜨려 잘더른 씨가 그를 불렀는데, 헐버트 씨는 쓸데없는 말만 길게 늘어놓았다. 듣고 보니 전부 근거없는 이야기였다. 저녁에 일본어를 공부하러 시가라 씨에게 갔다. 그가 하는 말이 주사위는 이미 던져졌다는 것이다. 집에 오니 벨츠 교수에게서 편지가 와 있었다. 벨츠 교수도 일본이 한국에 군대를 파견하리라 예견하고 있었다. 에퀴터블 보험회사의 대표인 헤이즈(Heise) 씨도 편지에서 전쟁이 터지리라는 예측 때문에 자기 회사 사정이 나빠질 것이라고 한탄했다. 나는 그의 회사에 의사로 취직할 가능성도 있다.……


## 1904년 1월 15일

　오늘 도셀(Daussel) 신부님을 찾아가 헐버트 씨가 퍼뜨린 소문을 어떻게 생각하시는지 여쭤보았다. 신부님은 쓸데없는 소리라고 일축하셨다. 내가 통역관을 시켜 시내를 둘러보고 정세를 알아보라고 했더니 소문은 사실무근이라고 했다. 도셀 신부는 오히려 동학봉기와 한국 군인들이 들고일어날 것이라는 소문을 전해주었다.


## 1904년 1월 19일

　어제 나는 제물포에 정박해 있는 한자호를 방문했다. 선임함장 홀첸도르프(Holtzendorff) 씨는 인상이 좋았고 대단히 지적으로 보였다. 한자호에 탑승한 장교들 가운데 군의 소령이자 동향인(同鄉人)인 호프만 씨를 다시 보게 되어 기뻤다. 저녁식사 후에 남자의 순결이라는 흥미있는 주제로 대화를 나누었다. 홀첸도르프 씨는 독일 황제가 동정을 지키다 결혼했으며, 알베르트(Albert) 왕자도 동정을 지키고 있다는 것을 확신하고 있었다. 잘더른 씨는 이 방면에 아는 바가 없어 한마디도 못해 두고두고 화를 냈다.

## 1904년 2월 5일

델레비뉴 씨가 궁에 들어와 신문을 번역했다.……

마르텔(Martell) 신부가 오늘 제물포에 있는 프랑스 수녀들 문제로 나를 찾아왔다. 나는 9개월 전에 그곳의 수녀들을 만났는데, 수녀들 간의 관계뿐만 아니라 마르텔 신부와 수녀들 사이도 원만하지 않다는 인상을 받았다. 그리고 전체적인 느낌으로 판단하건대, 수녀들이 순결하지 않다는 뜻은 아니지만, 다소 병적이고 신경질적으로 보였다. 나는 이 일을 뮈텔 주교에게 꼭 알려야겠다고 생각했다. 그래서 무슨 일이 일어나기 전에 다른 병원으로 이 사람들을 분산시키는 게 좋겠다고 주교에게 말했다. 내 제안대로 되지는 않았지만 두 명의 수녀가 제물포에 있는 우이당 부인 밑으로 들어갔다. 1882년에 묄렌도르프 씨와 함께 한국에 온 유럽 사람인 마르텔(Martell) 씨가 이 일에 끼어들었다. 그는 주교에게 만일 제물포에 있는 수 수녀(首修女)를 해고하지 않으면 자신의 편지를 공개하겠노라고 어리석은 편지를 썼다. 나도 이 일이 바르게 해결될 수 있도록 간여해야 하며, 그렇게 할 것이다. 내가 경고했는데도 그런 바보 같은 행동을 하는 데다 이런 일에는 아무 대책도 없음을 알고 정말 놀랐다. 흔히 현명하다는 사람들도 미묘한 도덕적 문제를 재치 있게 해결하기 위해 필요한 절도와 분별력, 그리고 무엇보다도 진실로 참된 마음을 갖고 있지 않는 것 같다.

저녁에 김씨가 와서 동학군에 관한 얘기를 했다. 동학은 동양의 학문이라는 뜻으로 서학, 즉 서양의 학문인 가톨릭과 대조되는 개념이다. 그리고 남학(南學)은 남쪽의 학문이라는 뜻으로서 황색 머리띠를 두른 중국의 황건적과 유사한 교리를 갖고 있는, 예부터 내려오는 비밀결사대이다. 동학운동가들은 1894년에 가장 득세했고 정부와 황제를 반대함과 동시에 외세와 노비제도를 반대했다. 최후의 항쟁으로 그들은 대단한 성과를 얻었다. 원래 한국의 하인과 노복들은 노비문서에 "나는 주인 아무개의 노비다"라고 씌어 있었다. 노비의 딸이 10세부터 25세까지 주인을 위해 일하면 주인이 남편을 정해주는데, 남편 역시 큰 농장의 소작인이 된다. 그러면 주인은 그에게 집과 일정한 농토를 주어 농사를 짓게 하고 그 농토에서 나온 수확물의 절반은 자신이 갖고 나머지 절반은 노비에게 주었다. 동학운동가들은 주로 대지주의 하인들을 동지로 만들었으며, 대지주한테서 노비문서를 되돌려받도록 해주었다. 그러나 그들은 외국인에게 아무런 해코지도 안 했고 군주에게도 그다지 항거하지 않았다. 그런데 정부에서 동학을 금지하고 있어 동학운동에 참여하는 사람들이 절도와 강탈 같은 행패를 부리고 있다.

정부가 금지하고 있는 또 다른 결사단체는 바로 의병이라는 조직이다. 의병의 지도자는 총명하고 학식 있고 선량한 유인석(劉麟錫)이라는 사람이다. 충청도 제천에 있는 이 단체는 행정에 참여하여 정부를 도우려 했다. 이 단체도 처음에는 민중에게서 자금을 조달받았으나 우두머리를 제외하고는 모두가 건달에다 깡패임이 밝혀졌다. 그 후 의병 지도자는 한동안 중국으로 피신해야 했으며, 그 단체도 금지되었다. 동학도들은 자신의 동지들에게 중국 의화단이 단원들에게 그랬던 것처럼 정부의 총은 총알이 없는 물총이라고 선전했다.

## 1904년 2월 7일

잘더른 씨가 도쿄에 있는 아르코(Arco)[38] 백작이 보낸 전보 내용을 알려주었다. 일본은 정예군과 제1군이라 명명한 12개 사단에 기동명령을 내렸다. 5일 저녁에 12개 사단이 노기(乃木)에서 승선하여 일부는 출범했으나 집결지는 대략 추측할 수 있을 뿐 정확히는 알 수 없다.

## 1904년 2월 8일

러시아 공사관 무관이 무절제하다는 이유로 본국으로 소환된 것 같다. 일본군이 18척의 배에 나눠 타고 늦은 오후에 제물포에 도착했다. 저녁식사를 잘더른 씨 댁에서 했는데, 일본인과 러시아인들이 함께 초대되었다. 일본인 무관인 이지치[39] 장군과 하야시 씨, 헬프트(Helft) 부부, 프로코프스키(Prokowski)[40] 씨 내외, 일본 영사인 미마시[41] 씨, 베르토 씨 내외, 중국 공사와 드 보스(de Voss)[42] 씨, 뱅카르 씨 들이 왔다. 모두들 무척 쾌활한 모습이었다.

## 1904년 3월 20일

지금까지 북경에 머물렀던 무관 클레어 씨가 서울로 왔다. 우리는 날마

---

38) 1901~1906년 도쿄 주재 독일 공사를 역임했다.
39) 伊地知幸介: 일본 백작으로서 러일전쟁 때 한국에 왔다.
40) 1904년에 서울에 온 러시아 공사 서기관
41) 1900년에 서울에 온 일본 영사
42) 러시아인 의사

다 두세 시간씩 승마를 즐긴다.

　나는 이제야 비로소 서울 근교의 멋진 풍경을 알게 되었다. 매일 운동하고, 학식 있는 사람들과 재미있는 대화를 나누자 의기소침한 기분에서 벗어나 상쾌함을 느낀다.

　벨츠 교수한테 내가 적십자사에서 일하게 될 수도 있다는 내용의 편지를 받았는데, 그가 보낸 다른 편지는 도중에 분실된 모양이다.

　어제 이토 씨를 만나려고 했는데 출타중이었다. 내일은 다카하시[43] 박사를 만나볼 생각이다.


### 1904년 3월 24일

　벨츠 교수의 편지가 와 있었다. 일본에 열광하는 내용으로 가득했다. 내가 보기에는 일본이 확실히 승리하리란 보장이 없다. 러시아는 대규모 육상전을 준비하고 있는 것 같다. 신문에서는 찬반 양론이 분분하다. 벨츠 교수와 텐카테(Tenkate)[44] 씨 사이의 논쟁은 기이하게도 한국인의 특성에 관한 것인데, 내게는 조금 이상하게 느껴진다. 아무튼 분별 있는 논쟁은 아니라고 생각한다.

　그저께는 이토 후작의 동반자인 추밀고문관 스즈키 씨와 인사를 나누었다. 오늘 저녁에는 이토 후작이 손탁 여사 댁에서 만찬을 열었다. 사람들이 많이 왔다. 각국 공사들은 물론이고 영국 교민들이 거의 다 왔다. 일본 여인들은 깔끔하고 고상한 옷을 입었고 상냥했다. 나는 이토 후작과 얘기를 나누고 싶었지만, 분위기가 불안해서 아무 얘기도 꺼내지 않았다. 이토

---

[43] 이토 히로부미의 주치의로 1904년에 서울에 왔다.
[44] Arzt Tenkate: 네덜란드인 의사이자 동아시아 학회(Ost-Asien Gesellschaft)의 회원

씨는 과묵했고 스즈키 씨는 지나치게 분주했다. 거기서 다카하시 박사를 알게 되었는데 내일 내게 찾아오겠다고 했다. 원래는 이토 씨에게 크게 기대했는데, 그는 다만 그 정도 자리에 앉아 있는 한국 정부의 관리에 불과한 사람인 것 같다. 민영환(閔泳煥) 씨는 감추려고 애를 썼지만 이토 씨에게 불쾌한 감정을 느끼는 게 역력했다.

**1904년 3월 25일**

…… 와다 씨와 다카하시 씨가 찾아왔지만 그들에게 식사대접을 할 수 없었다. 내 요리사는 파업을 한다거나 몸이 아플 때 미리 말해주는 법이 없기 때문이다.

**1904년 3월 26일**

…… 오후에 앨런 씨가 부인 때문에 찾아왔길래 앨런 씨 댁으로 가서 차를 마시고 진찰을 해보았다.

맥고지(MacGorgey) 양을 알게 되었다. 그녀는 북부지방에서 피난왔다는데, 굉장히 발랄해 보였다.

저녁에 시데하라 씨에게 한국어 수업을 받았다.

**1904년 3월 27일**

클레어 씨와 함께 북한산으로 소풍을 갔다. 가기 전에 우리 집에서 아침

북한산에 오른 분쉬 박사

식사를 하고 하루치 양식을 가지고 갔다. 우리는 북한산에 올라 산성을 넘어갔다. 돌아올 때는 남대문을 통해 성안으로 들어왔다가 서대문으로 다시 나갔다. 문인암(文仁岩)을 보고 시계사를 지나 제지촌(制紙村)을 거쳐 집으로 왔다.

저녁에는 잘더른 씨 집에서 고트베르크(Gottberg) 씨, 클레어 씨와 함께 보냈다. 클레어 씨는 생각도 많고 재미있는 사람이다.

### 1904년 3월 30일

일본 찻집에서 저녁시간을 보냈는데, 도쿄 대학의 의사들이 경부선 철도국장인 후루니시 씨를 축하하는 모임이 있었다. 하야시 씨와 하기와라[45]

씨도 참석하는 등 전부 스무 명의 일본인이 모였는데 모두들 무릎을 꿇고 앉았다. 후루니시 씨는 연설에서 특히 훌륭한 의사선생들이 많이 와서 정말 놀랐다고 말했다. 그리고 제물포에서 다시 한 번 모임을 갖고 세 번째 모임은 하얼빈에서 가졌으면 좋겠다고 했다. 일본 무희가 나와 춤을 보여주고 후루니시 씨가 노래를 불렀다. 많은 음식이 차례로 나와 식사시간이 길었는데, 모든 음식이 훌륭하고 깨끗하고 정갈하게 나왔다. 고기는 우리가 보는 앞에서 방 안에서 구웠다. 시중 드는 사람들도 분위기에 어울리는 색깔의 옷을 입어 우아해 보였다. 나는 그 모습에 넋이 빠질 지경이었고 대화는 활기찼다. 나는 후루니시 씨와 오랫동안 프랑스어로 이야기했다. 나중에 일본인 클럽에서 당구를 치고 집으로 돌아왔다.

## 1904년 4월 15일

요즈음은 거의 매일 저녁 독일 공사관에서 무관 클레어 씨, 포르텐(Porten) 중위, 메레베(Mereve) 부부, 매캘러키(MacCalerky)[46] 양과 함께 소일한다. 매캘러키 양은 지금까지 만나본 소녀들 중에서 가장 아름답고 사랑스럽고 매혹적이었다. 다른 사람들도 나와 같은 생각이다.

오늘 저녁에는 식사가 끝난 뒤 우리가 담소하는 동안 궁중에서 불이 나서 궁궐이 몽땅 타 내려앉았다. 무서운 화재[47]였는데, 황제는 궁전에 있던 유일한 석조건물인 도서관으로 피신했다. 일본인, 미국인, 영국인, 프랑스인 들이 불길을 막아보려 했지만, 커다란 성벽 때문에 불길이 잡히지 않았다. 잘더른 공사와 클레어 씨, 포르텐 씨와 나는 영사관이 있던 언덕으로

---

45) 1901년에 서울 주재 일본 공사관 2등 서기관으로 서울에 왔다.
46) 러일전쟁 때 한국 북부지방에서 피난온 미국 여인
47) 분쉬 박사는 부모에게 보낸 편지에서 이 부분을 약간 다르게 쓰고 있다.

올라가 황제가 어디로 가셨는지 찾으러 다녔다. 미국 교회의 종탑 위에 올라갔더니 불길이 잘 보였다.

오늘은 외래환자 진료소에 갔다온 뒤 정원에 있는 테니스 코트를 평평하게 고르는 일을 했고 저녁은 우리 공사관에서 보냈다. 가이어호의 사령관인 슈투드니츠(Studnitz) 씨가 자기와 함께 교주로 가자고 제의했다.

**1904년 10월 17일**

서울은 일본군에게 점령되었다. 이틀 전에 하라구치 장군이 새로 부임했다. 그가 황후가 탈 만한 말 한 필이 끄는 화려한 마차를 타고 들어오자 길 한쪽에는 일본군이, 다른 한쪽에는 한국군이 도열하고 남산에서 예포를 19발이나 쏘았다. 일본 사람들은 서울에 집을 짓는가 하면 새로운 상사를 세우고 일본 공사관과 궁중을 연결하는 전화를 가설하는 등 나날이 세력을 키우고 있다. 하라구치 장군은 황제에게 알현을 청하지도 않고 마구 찾아간다. 오늘 또다시 기가 게양되었는데 아마도 새로 도착할 일본 부대를 환영하는 뜻인 모양이다. 하야시 씨는 황제에게 매사가 잘되어간다고 대충 보고한다. 북부지방에는 6,000여 명의 러시아군이 아직 머물고 있다. 일본군이 얼마나 되는지 확실치 않지만 대체로 밤에만 이동한다. 일본군은 원칙을 잘 지키는 모범적인 군인들로 불법행위를 하거나 술에 만취하는 행동은 절대 하지 않는다.……

일본인 재정고문 메가타[48] 씨는 손탁 여사 댁에 기거하며, 귀족처럼 행세하고, 실컷 먹고 마시며 계산서를 달라고 한다. 일본인 오우라 씨는 수

---

48) 目賀田種太郎: 1904년 한국에 와 황실의 금전출납 검열관 역할을 주로 했다.

일본 고위층 관리가 화려한 마차를 타고 서울로 진입하는 광경

행원을 데리고 철도, 탄광, 온천 등을 돌며 지하자원을 탐색하러 떠났다. 동학운동이 널리 확산되고 있는데 일본이 선동하고 있음이 분명하다.

 산골 오지에서도 머리 모양에 변화가 생기고 있고, 서울에서도 짧게 자른 머리를 많이 볼 수 있으며, 다양한 유럽식 모자도 눈에 띈다.……

 사흘 전에 어학선생 마르텔 씨 댁에서 요즘 일어난 심상치 않은 사태에 관해 얘기를 나누었다. 다들 동학도는 위험한 존재라고 생각했다.

### 1904년 11월 6일

 '야구아르(Jaguar)⁴⁹'호'가 일주일 동안 한국에 정박해 있었다. 이 배에

제2부 낯선 땅에서 보낸 나날들 237

탑승한 군의관 대위 크라이엔베르크(Kreyenberg) 박사가 내 대리인으로 들어오기로 해 봄에 휴가를 떠날 수 있게 되었다. 나는 11월 3일에서 4일로 넘어가는 밤 사이에 폭풍 때문에 야구아르호에 묶여 있었다. 새벽 2시까지 클뢰벨(Klöbel) 선장과 대위, 일등장교와 함께 스카트 놀이를 했다. 아주 유쾌했다.……

한국에 온 지 3년이 지났다. 새벽 4시부터 5시 사이에 첫눈이 왔다. 지금은 굉장히 춥다. 어제 저녁 남씨가 찾아왔는데, 그에게 한국 자본을 베를린에 투자해 생긴 이윤은 이곳 병원의 유지비로 넘겨달라고 부탁했다. 그는 그렇게 해보마고 했다.

어제 저녁에 황태자비가 원인이 밝혀지지 않은 수종(水腫)으로 사망했다. 70여 명의 의사들이 그녀를 치료했는데 그 가운데 어느 정도 지식을 갖춘 사람은 단 한 사람뿐이었다. 그런데 그 사람의 말을 듣지 않아 그런 결과를 낳고 말았다. 의사들은 황태자비가 임신했다고 주장하면서 황태자비와 황실에 아부만 한 것이다.……

### 1904년 11월 9일

골저(骨疽) 수술은 힘들었다. 열이 높았다. 내일은 다리를 절단해야 한다. 보스 박사의 부인이 티푸스에 걸린 뒤 3개월 만에 처음으로 외출해 나를 찾아왔다. 잘더른 씨 집에서 저녁시간을 보내며 롱동(Rondon)[50] 씨의 사업에 관해서 이야기했다. 우리는 바이페르트 씨가 이곳을 떠난 것을 아쉬워했다. 바이페르트 씨는 외국에서 지내는 우리에게 무엇이 필요한지

---

49) 포함으로서 1898년에 취항해 1914년에 교주 앞바다에서 침몰했다.
50) 프랑스 사업가로 한국 정부와 계약을 맺고 인도차이나의 쌀을 수입했다.

잘더른 씨보다 더 잘 알고 있었다. 물론 잘더른 씨도 신사답고 친절하며 낙천적이다. 하지만 그는 볼터 씨의 사업을 도와주지 않는 게 공을 세우는 일이라고 생각할 뿐 아니라 다른 상사도 잘 도와주지 않아 무슨 일이나 부진한 상태다. 볼리안 씨, 에케르트 씨와 함께 저녁에 남산으로 올라가 오랫동안 얘기를 나누었다.

궁중 안에 의료청을 신설했다. 재상을 지낸 의료청장과 그 밑에 다른 고관이 두 명 있으며 무자격 의사가 10~15명 있다. 그들 중 5명은 주간에 근무하고 나머지는 야간에 일하며, 아침이면 황제의 맥을 짚는다. 황태자비가 죽어 4명이 투옥되었는데 이들은 나중에 귀양가게 될 것이다.

황제는 총 75만 엔을 전기회사에 지불하는 조건으로 한미 전기합작회사에서 순이익을 분배하기로 합의를 보았다. 현재 하루 평균 수입이 500원이니까 한 달에 1만 5,000원을 벌어들인다. 그 외에도 전기세로 약 3,000엔, 화물수송비로 1,000엔이 들어오는데, 이 중에서 전체 운영비가 나가고 콜브란 씨와 보스트윅(Bostwick) 씨의 월급도 나간다. 그리고 순이익이 분배되어 황제에게 매달 3,000원 정도 나간다. 포터(Porter) 씨가 자기는 서류 사본을 보아서 알고 있다는 편지를 나에게 11월 19일자로 보냈다. 콜브란 씨와 보스트윅 씨가 셔트카(shut-car)와 전기사업 허가를 받은 대가로 황제에게 미리 돈을 주면 황제가 그 돈으로 봉급을 준다는 내용이었다. 그 일은 수지가 맞지 않는다. 황제가 차관한 돈의 일부가 매번 그 사업에 대한 담보금으로 들어가 결국 전체 액수가 콜브란 씨와 보스트윅 씨의 수중으로 들어가기 때문이다. 이용익 대신이 회사를 보이콧 하도록 조직하고 있었는데 그 와중에 전쟁이 일어났다. 이로 인하여 황제와 궁중관리들은 일본인을 매우 두려워하기 시작했다. 앨런 공사는 미리 미국 군인들 100여 명을 전력발전소에 배치해놓았다. 미국인들은 그 사업을 맡고 싶어하는데, 자신들이 맡는 대가로 150만 엔을 요구하고 있다.

이 문제 때문에 영국 세관장 브라운 씨가 중재자로 임명되었는데, 콜브란 씨와 보스트윅 씨에게 승소 판정을 내렸다. 콜브란 씨와 보스트윅 씨는 황제에게 75만 엔을 지불하라고 제안했으며, 그 대가로 황제가 출자금 150만 엔이 장부에 올라와 있는 사업 파트너가 될 수 있다는 판정이었다. 황제는 35만 엔을 당장 지불해야 하며, 40만 엔은 3개월 후에 지불해야 한다. 만약 이 기간에 40만 엔을 지불하지 못하면 35만 엔은 회사로 귀속된다. 협상 책임을 맡은 궁중관리를 쉽게 움직이게 하려고 협상이 성사되면 중국으로 피난시켜주겠다고 구슬려 계약서가 작성되었다. 그리고 나서 궁중관리 두 사람은 '신시내티(Cincinnati)호'를 타고 취푸로 떠났으며, 거기서 다시 상해로 가기로 되어 있다는 것이 사본에 근거한 편지내용이었다.

황제는 요즈음 급수공장이 파산해 분망한 가운데서도 황태자비의 묘 자리를 물색하느라 분주하다.

## 1905년 1월 3일

손탁 여사 댁에서 크리스마스를 보냈다. 에케르트 부부, 볼리안 씨, 브라운 씨, 보스 씨, 두 명의 고씨가 왔다. 지루하고 크리스마스 분위기도 나지 않았다. 델레비뉴 씨와 에케르트 씨의 딸 이레네(Irene) 양이 지난 12월 29일에 결혼했다. 잘더른 씨와 나는 신부의 증인으로, 보스 씨와 볼리안 씨는 신랑의 증인으로 참석했고, 각국 외교관들도 왔다. 피로연에서 춤을 추었다. 잘더른 씨도 아주 상냥한 태도를 보여주었다.

일진회(日進會)가 날로 번창하고 있다. 그들은 타당성 있어 보이는 개혁을 정부에 요구하고 있다. 그 개혁안의 내용은 상(喪) 의식을 타파하고, 훌륭한 관리를 임용할 것 등등이다. 정부는 그와 같은 요구에 분개하며 일진회의 활동을 억압하려고 한다. 황태자비의 장례 준비에 엄청난 돈이 들었다. 민중의 불만은 곧 터질 듯하다. 혁명을 은밀히 준비하고 있다.

오늘 황태자비 장례식이 있었는데, 엄숙하지 않을 뿐 아니라 대단히 소란스럽고 무질서했다. 장례식이 끝난 뒤 황제를 알현하러 갔는데, 스웨덴 사람인 그레베르트(Grebert) 씨도 황제를 알현하러 와 있었다. 그는 작가이자 대상인으로 세계일주를 해본 아주 재치 있는 사람이다.

오늘은 잘더른 씨의 생일이기도 하다. 우리는 오후에 새로 산 당나귀를 타고 남산을 한바퀴 돌았는데 승마 코스로는 그만이다.

## 1905년 1월 11일

어제 저녁에 잘더른 씨 집에서 그레베르트 씨를 위한 송별회가 있었는데 흡족스러운 모임이었다. 오늘 낮에는 그레베르트 씨가 우리 집에 찾아왔길래 그와 함께 잘더른 씨 집으로 가서 승마를 즐겼다. 일본인 사진사 무라카미 씨가 그레베르트 씨, 잘더른 씨, 푸트파르켄(Puttfarken)[51] 씨, 그리고 나를 위해 사진을 찍어주었다.

낮에 고희성 씨가 찾아와 나더러 다른 곳으로 떠나서는 안 되며 병원을 마련해주겠다는 황제의 뜻을 전했다. 저녁에 잘더른 씨에게 이 일을 얘기했는데 아주 미온적인 태도를 보였다.

## 1905년 1월 13일

고씨가 아침식사 때 다시 찾아와 병원에 대해서 함께 논의했다. 나는 10만 엔과 전에 에이비슨 씨가 사용하던 병원(제중원)을 받는 조건을 내세웠

---

51) Hans Puttfarken(1866~?): 소순양함 바다독수리호의 사령관

다. 그 병원의 시가가 3만 2,000엔이라고 한다. 황제께서 승낙하실지 의문이다.

## 1905년 1월 26일

지난 며칠 동안 네 번씩이나 황제를 알현하라고 해서 갔는데 번번이 취소되었다. 드디어 오늘 저녁 6시에 알현하라고 해서 갔는데 또 30분이나 기다렸다. 황실 재정고문관인 메가타 씨와 하야시 공사가 나보다 먼저 와 황제를 알현하고 있었다. 그동안 나는 어린 황자와 이야기했다. 그는 난폭하게 웃음을 터뜨려 신하들과 환관들에게 겁을 주는가 하면, 경찰 행세를 하며 사람들을 체포하는 등 군대식 행동에 취미가 있는 것 같았다. 반면에 유럽 여행이나 승마연습에 관해서는 전혀 알려고 하지 않았다. 내가 말을 한번 타보라고 권하자 건방지게 통역관에게 쏘아부쳤다.

마침내 황제께서 나에게 들어오라고 했다. 황제는 유럽풍으로 꾸며놓은 작은 방에 계셨는데, 나는 줄곧 서서 병원에 관한 일을 상의했다. 나는 10만 엔을 투자하고 옛 미국 병원을 구입하라고 권유했는데, 10만 엔 중 절반을 삭감시키고, 에이비슨 씨 집에는 클럽이 들어설 예정이라고 했다. 황제는 금전문제의 핵심을 상세히 논하지 않았다. 나는 이 기회에 궁중에 고용된 외국인들과의 계약을 조정하고 내 통역관 두 명을 관리직으로 승진시켜달라고 제안했다. 황제는 이 두 가지 요청에 모두 동의하셨다.

집에서 저녁식사를 하고 잘더른 씨에게 가서 황제를 알현할 때 있었던 일을 이야기했다. 이튿날 황제는 고희경 씨를 통해 2,000엔을 보냈는데 그 돈에 대한 영수증은 청구하지 않았다.······

## 1905년 2월 8일

벨츠 교수한테서 편지가 왔다. 그는 나에게 도쿄로 오라고 권유했다. 잘 더른 씨도 그곳에 가면 공사관 공의로도 일할 수 있고, 미국 병원에서 일할 수도 있다며 대찬성이었다. 이 문제를 한 번 더 심사숙고해야겠다.

## 1905년 2월 9일

낮에 에이비슨 씨가 나더러 윤치호(尹致昊) 씨 부인을 진료해달라며 데리러 왔다. 그 부인은 자궁외 임신으로 자궁이 파열하여 커틀러(Cuttler)[52] 박사 집에 누워 있었다. 거기서는 수술이 불가능해 미국 병원으로 옮겨 밤에 수술을 했다. 내가 집도하고 에이비슨 씨와 커틀러 씨가 도와주었다. 보조원들은 방부소독에 대해서 아무것도 몰랐다. 마취를 도와준 한국인 조수는 지각 없이 웃고 지껄이는 등 수술할 때 지켜야 할 일반적인 예의가 거의 없었다. 어쨌든 수술은 무사히 진행되었는데, 개복(開腹)해보니 복막이 아주 심하게 감염되어 있었다. 게다가 출혈이 심했고, 만성 폐결핵을 앓고 있어 가래가 많았다. 다음 날 환자는 회복되지 않고 죽었다. 에이비슨 씨와 허트(Hirt)[53] 씨가 나한테 물어보지도 않고 시체를 해부했다. 더 이상 출혈은 없었지만 복막염이었음이 확실했다. 배에 난 상처에도 염증이 있었다. 늘 그렇듯이 시체 해부를 엉망으로 해치우고서는 거기에 대해서 할 말도 못하게 했다.

---

52) 1904년 서울에 온 미국 선교회 소속의 여의사
53) 미국 선교회 학교의 선생

### 1905년 2월 10일

잘더른 씨가 도쿄로 가라고 또다시 나를 설득했다.

### 1905년 2월 11일

도쿄에 있는 벨츠 교수에게 전보를 쳐 그곳으로 갈 생각이며, 미리 만나보고 싶다고 알렸다. 벨츠 교수는 답신에서 원래는 회의에 참석하려고 마닐라에 다녀올 계획이었는데 당분간은 일본에 머물 것이라고 했다.

### 1905년 2월 12일

벨츠 교수와 일본 주재 독일 공사 아르코 백작이 내게 도쿄로 올 것인지 아닌지 묻는 전보를 보내왔다. 나는 가까운 시일 안에 도쿄로 떠나려고 한다. 프랑스 사람들이 계속 해고되고 있다. 레미옹 씨가 16일에 떠나고, 클레망세(Clemencet)[54] 씨는 이달 말에 떠난다. 벨기에 부영사인 퀴벨리에 씨도 자신이 떠나야 한다는 낌새를 느끼고 있다. 마침내 내 차례가 올 것이다.

### 1905년 2월 15일

오늘 저녁은 스크랜턴(Scranton)[55] 씨 댁에서 푸근하게 보냈다. G양은 아주 상냥해서 마음에 꼭 들었다. 그녀는 신선한 건강미를 가지고 있지만

---

54) 서울에 와 있던 프랑스 사람으로 우정국 관리로 일했다.

독일 여성이 아니어서 유감이다. 영국인 필립스(Philips) 선장은 스크랜턴 씨 댁에 자주 드나들어서인지 자기 집처럼 여기는 듯했고, 홀머(Holmer) 부부도 친절했다. 노래도 하고 악기도 연주했지만 특별한 음악이 아닐 때는 지루했다. G양과 필립스 선장, 홀머 부인은 피아노를 치며 노래했다. 그리고 홀머 씨는 바이올린도 켰는데 누구나 다 아는 곡으로 명연주는 아니었다. 허트 씨와 함께 아름다운 달빛을 받으며 집으로 돌아왔다.

### 1905년 2월 18일

도쿄로 가기 위해 서울에서 영등포를 거쳐 부산으로 가는 기차를 탔다. 기차 안은 굉장히 추웠다. 객차 2대와 화물차 1대, 기관차 1대로 구성된 기차였다. 일본 남자 5명과 여자 3명은 의자에 무릎을 꿇고 앉아 있었다. 한 젊은이가 작은 난로에 꺼진 불을 피우느라 애를 먹고 있었다. 여자들은 줄기차게 담배를 피워댔다. 안경을 낀 어떤 청년이 역사에서 꽁꽁 언 채 밖으로 나오더니 차가운 난로를 심란한 눈초리로 뚫어지게 쳐다보았다. 남자들 몇 명이 불을 지피려고 굉장한 연기를 뿜어내었다. 목도리로 얼굴을 가려 도둑같이 보이는 사람들이 커다란 짐꾸러미를 들고 문을 밀치며 들어왔다. 공기가 탁해서 목이 칼칼했다. 내 앞에 앉은 여자들은 의자에 앉은 채 잠이 들었다. 여인들은 긴 의자의 등받이 너머로 시든 꽃처럼 머리를 떨어뜨리고 있었다. 기차가 움직이기 시작해 한국의 잿빛 산야를 달렸다. 논과 헐벗은 산과 언덕을 지날 때 보니 나무라고는 어린 것들뿐이었다. 10년 이상 된 소나무는 거의 볼 수 없었다. 수원 근처에는 물을 막아 만든 못이 보였고, 철도공사에 쓰일 건축 자재를 파내는 화강석 채석장이

---

55) 1885년에 서울에 감리교 학교를 세운 미국인

여기저기 보였다.

정오 무렵에 바름부른(Warmbrunn)에서 볼 수 있는 넓고 아름다운 평야가 펼쳐졌고 그 뒤로는 눈덮인 산이 보였다. 역에는 간이식당이 있었는데, 나무상자에 밥을 담아 도시락을 만들고 있었고, 귤과 아시아식 맥주와 차를 주전자나 찻잔에 담아 팔고 있었다. 찻값은 6전이었다.

1시 30분쯤 되어 첩첩산중으로 둘러싸인 곳이 나타났는데, 독일의 오버바이에른(Oberbayern) 지방이 연상되었다. 철로는 산 바로 가까이에 놓여 있었는데 수많은 다리와 댐과 굴착통로를 지나 26개의 터널을 통과했다. 제일 긴 터널의 길이는 3,960피트였고, 공사중인 곳도 있었다.

대구에서 하룻밤 묵었다. 기차에서 내렸을 때는 춥고 바람도 많이 불고, 희미한 달빛이 비치고 있었다. 경찰들이 내가 도착했다는 통지를 받고 나타나 냉기가 돌고 더러운 어떤 찻집으로 안내했다. 나는 소책자에 의지해 간신히 의사소통을 할 수 있었다. 구두창같이 질긴 고기와 형편없이 엉겨붙은 수프가 나왔다. 나는 결국 뜨거운 정종을 한 병 주문했다. 여러 녀석들이 들어오더니 내 이름과 여행 목적지를 물어봤다. 나는 그들이 무슨 말을 하는지 이해하지 못했으며, 지겨운 생각이 들어 나가달라고 했다. 드디어 한 한국인의 도움으로 의사소통을 조금 할 수 있었다.

다음 날 아침에는 세관에서 일하는 페고리니 씨를 역에서 만났는데, 그 역시 전날 저녁에 어떤 찻집으로 안내를 받아 갔다고 한다. 아마도 외국인의 주머니를 호려내 찻집에 주려는 수작이었나 보다.

다시 기차를 타고 부산으로 갔다. 여기서도 기차 안에 경찰이 나타나 외국인들을 심문했는데 외국어 수준이 대화할 정도는 아니었다. 부산에 도착했을 때는 경찰이 미리 전화연락을 해두어 어느 세관원이 마중나와 볼리안 씨 집으로 데려다주었다. 볼리안 씨 집은 아주 좋은 곳에 자리잡고 있었다. 부산은 훌륭한 항구로서 한창 건설하는 중이었으며 선박의 왕래도 많고, 일본 어뢰정 두 척도 정박해 있었다. 볼리안 씨 집에서 쉬면서 시

1900년대 초반 한국의 농촌 풍경

내를 구경했다. 제물포에서 온 베네트 씨를 만났는데, 그도 일본으로 간다며 나와 함께 오하이오호를 탔다.……

### 1905년 2월 28일

28일에 도쿄에서 차를 타고 브라이트샤이트(Breitscheid) 박사와 함께 고베로 향했다. 식당차에서 술을 실컷 마셔 고베에 내렸을 때는 술 때문에 머리가 아팠다. 니시무라 호텔에서 사흘 동안 묵고 월요일에 '듀란 코토 히라 마레(Deuran Koto Hira Mare)호'를 타고 부산으로 출발했다. 그럭저럭 무사히 돌아왔다. 부산에서 세관장 페고리니 씨와 부산 세관장 라포르테(Laporte)[56] 씨를 만났다.

---

56) 1883년 묄렌도르프와 함께 한국에 와 부산에서 살았다.

서울에서는 벌써 내가 일본에서 대단한 자리를 얻었다고들 알고 있었다. 그렇게 되면 이곳에서 보상을 못 받게 되므로 내게 유리한 소문은 아니다. 일본 공사관의 2등 서기관 하기와라 씨는 계약이 끝난 거나 마찬가지라 주장했지만, 스티븐스(Stevens)[57] 씨가 그 일을 잘 처리해주었다.

**1905년 4월 10일**

　오후에 황제를 알현해 오랫동안 이야기를 나누었다. 황제는 주로 가족에 관해서 다정하게 물어보셨다. 내가 황제에게 안경알을 몇 개 선물하자 무척 기뻐하셨다.

---

57) W. H. Stevens(?~1908): 벨츠 교수의 미국인 친구로 일본 정부의 재정고문으로 와 있다가, 1904년에 한국에 왔으나 1908년 샌프란시스코에서 한국 사람에게 살해되었다.

## 참고 문헌

1. Allen, Horace, *Korea, Fact and Fancy*, Seoul 1904.
2. Allen, Horace, *Things Korean, a collection of Sketches and Anecdotes Missionary and Diplomatic*, London and Edinburgh, 1908.
3. Aschoff, Ludwig, *Ein Gelehrtenleben in Briefen an die Familie*, Freiburg I. Br 1966.
4. Baelz, Toku, *Erwin Baelz*, Stuttgart, 1930.
5. Bishop, Isabella, *Korea and her Neighbours*, II. Bd., 1898.
6. Brndt, Max von, *Dreiunddreissig Jahre in Ostasien*, 3 Bde, Leipzig, 1901.
7. Kloevekorn, G.H., *Aerzte auf Forschungsreisen*, Leverkusen, 1952.
8. Kroebel, Emma, *Wie ich an den koreanischen Kaiserhof kam*, Berlin, 1909.
9. Schottlaender, Felix, *Erwin von Baelz 1849-1913*, Stuttgart, 1928.
10. Schweninger, Ernst, *Der Arzt In: Die Gesellschaft Hrgs. v. Martin Buber*, Frankfurt/M., 1906.
11. Weber, Norbert, *Im Lande der Morgenstille Reiseerinnerungen an Korea*, St. Ottilien, 1923.

＊이 책에 사진을 실을 수 있도록 도와주신 한국베링거 인겔하임에 감사드립니다.

## 대한 제국을 사랑한
## 독일인 의사 분쉬

**초판 1쇄 인쇄일** 2014년 9월 25일
**초판 1쇄 발행일** 2014년 10월 1일

**지은이** ｜ 리하르트 분쉬
**옮긴이** ｜ 김종대
**펴낸곳** ｜ 도서출판 코람데오
**등 록** ｜ 제300-2009-169호
**주 소** ｜ 서울시 종로구 세종대로 23길 54, 1006호
**전 화** ｜ 02) 2264-3650~1
**팩 스** ｜ 02) 2264-3652
**e-mail** ｜ soho3@chol.com

ISBN 978-89-97456-32-1  03800
값 12,000원

※ 잘못된 책은 바꾸어 드립니다.